I0698689

Funde Ihre Karte

Lernen Sie eine Methodik, um Ihr Unternehmen auf die nächste Erfolgsstufe zu bringen.

Faider Andrade Solarte

Zusammenfassung

Ich hoffe, dass dieses Buch eine wertvolle Inspirationsquelle für den Leser ist! Basierend auf persönlichen Erfahrungen, bei denen sowohl auf geschäftlicher als auch auf sportlicher Ebene verschiedene Hindernisse auftraten, bietet die Geschichte eine übergreifende Methodik. Das Ziel besteht darin, dass jeder Leser Nutzen aus dieser Methodik zieht und sich motiviert fühlt, seine Träume und Ziele im Leben zu verfolgen. Die Kombination aus realen Erfahrungen und gewonnenen Erkenntnissen bietet praktische Orientierungshilfen, die auf verschiedene Lebensbereiche angewendet werden können. Möge diese Geschichte Sie dazu inspirieren, bei Ihren eigenen Unternehmungen und Zielen erfolgreich zu sein!

ISBN: 9798871733509
Etikett: Unabhängig veröffentlicht

Hingabe

Dieses Buch ist denen gewidmet, die es zum ersten Mal unternehmen, und vor allem denen, die nicht aufgeben, egal wie oft man es versucht, denn der Erfolg liegt bei dem, der im Kampf weitermacht, und nicht bei dem, der es tut schon erledigt. aufgegeben.

Danke

Zunächst einmal danke ich Gott für die Erfahrungen, die er mir ermöglicht hat, den Mitarbeitern, die in Launica mit mir zusammengearbeitet haben, den Athleten und Trainern, die Teil dieser Geschichte waren.

Inhalt

Einführung

Die Welt sehnt sich nach Geschichten, die aus jahrelangen, vielfältigen Erfahrungen entstehen und zu bemerkenswerten Erfolgen führen. Dieses Buch fasst eine Reise zusammen, die einen scheinbar unwirklichen Meilenstein erreichte: eine Umsatzsteigerung von über 2.000 % in nur 20 Monaten. Durch die Erfüllung dieses Ziels wurde das Ziel um das Zehnfache angehoben, was zu neuen Ideen führte, um das neue Wachstumsziel zu erreichen.

Diese Erzählung legt nicht nur die Handlungen und Entscheidungen offen, die zu diesem Erfolg geführt haben, sondern ist auch aus der Verantwortung entstanden, Manager und Unternehmer zu inspirieren und zur Entwicklung ihrer Visionen und Ziele beizutragen.

Der Einfachheit halber wird Wissen präsentiert, das auf Konzepten basiert, die von verschiedenen Autoren und Lehrern im Laufe des Lebens stammen. Dieses reale und praktische Zeugnis bietet eine neu gestaltete Methodik, die zeigt, dass „alles" mit Entschlossenheit erreichbar ist.

Im ersten Teil tauchen Sie in ein persönliches Erlebnis ein: die Geschäftsreise, die am Wasserfall La Joaquina in Sandoná, Nariño, beginnt. Nach vier Anstiegen erreicht man dieses von Übermut umgebene Naturwunder. Obwohl die ersten drei Besteigungen erfolglos blieben, war jede einzelne von ihnen voller wertvoller

Erfahrungen, vergleichbar mit der Suche nach einer wichtigen Karte, um große Ziele zu erreichen.

Der zweite Teil enthüllt die Anwendung der Vzan-Methodik, die der Schlüssel zu den außergewöhnlichen Ergebnissen ist, die hier beschrieben werden. Dieses Akronym, das für Vision, Ziele, auszuführende Aktivitäten und Überwachung steht, wird Ihnen zur Verfügung gestellt, damit Sie es in Ihren eigenen Unternehmen und beruflichen Aktivitäten anwenden können.

Der dritte Teil untersucht andere Karten und Erfahrungen und bringt Prinzipien und Ideen in den Sportbereich. Die Hauptprämisse ist klar: Unterschiedliche Karten können zum Erfolg im Leben führen.

Der vierte Teil dient als Auftakt zu einem umfangreicheren Band, in dem Erkenntnisse von Unternehmern geteilt werden, die Imperien aufgebaut haben. Ziel ist es, hartnäckige Bedenken darüber auszuräumen, warum einige im Vergleich zu kleineren Unternehmen große Erfolge erzielen.

Der Abschluss des Buches konzentriert sich auf die Fehlervermeidung und bietet wertvolle Lektionen darüber, wie menschliche Weisheit in der Überwindung von Hindernissen bei der Expansion liegt.

Vorwort

Es ist zehn Uhr abends, die Kälte dringt durch die Fensterritzen. Seit meiner inneren Berufung, dieses Buch zu schreiben, ist eine Woche vergangen. Einige werden glauben, dass es ein Ruf Gottes war, während andere argumentieren, dass es eine Kommunikation mit dem anderen Selbst, dem inneren Wesen, war oder dass das Universum sich verschworen hat, um mich dazu zu bringen, mich dieser Arbeit zu widmen.

Die Verantwortung, dieses Buch zu schreiben, wurde immer dringlicher. Ich konnte die Konfrontation mit dieser leeren Seite nicht länger hinauszögern und betrachtete die Kapitel als eine unüberwindbare Herausforderung. Schließlich traf ich die Entscheidung und konzentrierte mich darauf, mit dem Schreiben zu beginnen. Was folgt, ist das Ergebnis dieser Entscheidung.

Am Transportterminal wartete ich fünf Stunden auf meine Reise und nur zwei Stunden vor dem Einsteigen und vertiefte mich in die Inhalte meines Mobiltelefons. In diesem Moment forderte mich eine kleine Stimme in meinem Inneren zum Handeln auf. Ich erinnerte mich an ähnliche Situationen in der Vergangenheit, an Zeiten, als faszinierende Bücher in den vergessenen Regalen meiner Erinnerung verloren gingen.

Diesmal war es anders; Die verschiedenen Erfahrungen des Lebens hatten mich zu einer Schatzkarte geführt. Diese Karte soll Sie zum Zweck dieses Schreibens zu

dem wunderbaren Schatz führen, der auch auf Sie
wartet.

Teil eins: Die Karte finden

Die Kartensuche

Wir wissen nie genau, wann unsere Suche nach der Karte beginnt. Im Laufe des Lebens entdecken wir, dass es nicht nur darum geht, eine Karte zu finden, sondern mehrere Karten zu entdecken. Diese Karten haben die Besonderheit, dass sie uns von Punkt A nach Punkt B führen, von unserem Ausgangspunkt bis zu dem Ort, an den wir wollen, und den Weg zu einem verborgenen Schatz nachzeichnen, etwas, das wir sehr schätzen.

Mit zunehmender Erfahrung werden diese Karten genauer. Wie schnell Sie die Landkarte finden, ob in Ihren frühen Jahren oder nach einigen Jahrzehnten, hängt von der Fähigkeit ab, die wir entwickeln, zusammen mit Ihrer Entschlossenheit und Beharrlichkeit, echte Ziele zu erreichen.

Zuerst wusste ich nicht, dass ich eine Karte brauchte. Erst in meinen Vierzigern, nachdem ich an Unternehmungen teilgenommen hatte, bei denen ich zugeben musste, dass ich meine Entschlossenheit und Beharrlichkeit nicht ausreichend entwickelt hatte, wurde mir klar, dass ein großer Teil meines Lebens der Entwicklung dieser Karte gewidmet war. Als erfahrener Kartograf habe ich meinen eigenen Weg zur Verwirklichung von Träumen und Zielen festgelegt.

Nun haben Sie, lieber Leser, ein Werk vor sich, von dem ich hoffe, dass es Ihnen Zeit spart und es Ihnen ermöglicht, von Anfang an mit größerer Zuversicht Maßnahmen zu ergreifen. Auch wenn meine Worte an ein junges Publikum gerichtet klingen, möchte ich klarstellen, dass dies diejenigen, die diesen Lebensabschnitt bereits hinter sich haben, nicht entmutigen sollte. Große Geschäftsleute wie Ray Kroc und Colonel Sanders, Gründer von McDonald's bzw. Kentucky Fried Chicken (KFC), haben gezeigt, dass das Alter keine Entschuldigung ist. Ganz gleich, ob Sie sich für zu jung halten, denken, Sie hätten noch Zeit oder denken, Sie seien zu alt, ihre Geschichten lehren, dass es nie zu spät ist, einen neuen Weg zum Erfolg einzuschlagen.

Was für manche eine perfekte Ausrede sein könnte, wird für andere zum Katalysator für den Erfolg. Die wahre Beschränkung lag immer in Ihnen, ebenso wie die Möglichkeit für einen Neuanfang. Im Moment ist Erfahrung weniger relevant denn je; Entscheidend ist, die Landkarte zu finden, die Sie zu Ihren Zielen führt.

Die Suche begann und beginnt mit Ihrer Geburt und sogar schon davor, aber erst in dem Moment, in dem wir beginnen, uns bewusst zu werden, beginnt die Suche nach der Karte wirklich.

Ich begann meine Suche schon in jungen Jahren, etwa im Alter von acht Jahren. Als ältestes Kind übernahm ich schon als Kind Verantwortung im Familienunternehmen und half bei Aufgaben, die im Rahmen meiner Möglichkeiten lagen, um die unternehmerischen Bemühungen meiner Eltern zu unterstützen. So begann meine Reise in die Geschäftswelt.

Der historische Reichtum, der Ihre persönliche Geschichte begleitet, war für die Erstellung Ihrer Lebenskarte von grundlegender Bedeutung. Lassen Sie es mich klarer sagen: Wer Sie jetzt sind, ist das Ergebnis all Ihrer Erfahrungen, sowohl positiver als auch negativer. Dank dieser Erfahrungen sind Sie zu dem wunderbaren Menschen geworden, der Sie heute sind.

Sie verfügen über ein unglaubliches Potenzial, das Sie beim Lesen dieses Buches mit Reflexionspunkten identifizieren wird, an denen Sie die Erfolgsmomente, die Sie in Ihrem Leben erlebt haben, wertschätzen werden.

Der Polizist nähert sich dem Terminal und fragt nach meiner Ausweisnummer, ein Routinevorgang, der mich für einen Moment aus meinen Gedanken reißt.

Diese Situation lässt mich darüber nachdenken, wie entscheidend unterschiedliche Lebensabschnitte für die Erstellung unserer persönlichen Landkarte sind.

Ich war tief damit beschäftigt, Strategien zu entwerfen, um mein Team dazu zu bringen, das Tagesziel von 10.000 US-Dollar Umsatz zu erreichen, und begann, unseren Weg zum Erfolg zu planen. Voller Freude und Motivation für die neue Partnerschaft, die wir gerade eingegangen sind, habe ich ein klares Ziel vor Augen: Ich war mir sicher, dass es uns auf die nächste Stufe bringen würde. Obwohl sich der Tagesumsatz zu diesem Zeitpunkt kaum der 500-Dollar-Marke näherte und mein Partner dachte, dass es gut wäre, 1.000 Dollar zu erreichen, braute sich in meinen Augen etwas zusammen, was für manche als völlig unmöglich angesehen werden würde: Ich strebte eine Umsatzsteigerung von 2.000 % an.

Das Unternehmen bestand aus einer kommerziellen Einrichtung, die mehr als fünftausend verschiedene Referenzen vertrieb. Es befand sich in einer relativ kleinen Stadt und machte gerade seine ersten Schritte. Meine Inspiration kam von der Geschichte von Sam Walton und seiner Gründung von Walmart, die ebenfalls in einer kleinen Stadt namens Bentonville in Arkansas begann.

Es ist wichtig, Dankbarkeit für die Leistungen der großen Lehrer zu empfinden, die vor Ihnen begonnen haben und die den Weg geebnet haben. Obwohl die erzielten Ergebnisse unerreichbar erscheinen, finden Sie hier ein Beispiel dafür, wie Sie ihnen näher kommen und sie sogar übertreffen können. Es hängt alles davon ab, was Sie wirklich wollen. Auf diesen Seiten wird eine auf realen Erfahrungen basierende Methode reflektiert, die Sie auf Ihrem Weg zum Erfolg sehr weit bringen kann.

Dieses Buch könnte den Titel „Wie Sie in Ihrem Unternehmen eine Umsatzsteigerung von 2000 % erzielen" tragen. Obwohl das, was Sie hier lernen werden, völlig real ist, ist es natürlich, dass Sie Zweifel haben, bevor Sie diese Fähigkeit erwerben. Diese Fähigkeit ist jedoch faszinierend und für das Wachstum unerlässlich. Er muss noch herausfinden, wie es geht, genau wie das Team, das er damals leitete.

Ich habe mit dem Team gesprochen und ich bin mir sicher, dass sie mich für verrückt hielten. Ich werde sie wahrscheinlich fragen müssen, was ihnen in diesem Moment durch den Kopf ging. Zunächst hatten wir Mühe, das Ziel eines Tagesumsatzes von 1.000 USD zu erreichen. Ehrlich gesagt hatte ich keine Ahnung, wie wir dies in einem völlig traditionellen Unternehmen ohne die Skalierbarkeitsvorteile erreichen sollten, die das Internet und andere Arten von Unternehmen bieten. Wir waren einfach ein kommerzielles Unternehmen wie jedes andere in einer Kleinstadt oder einem Stadtviertel.

Jahrelange Lebenserfahrungen hatten mich glauben lassen, dass ich es schaffen könnte. Allerdings lieferte mir meine akademische Logik keine einzige Ressource, wie ich das in der Praxis umsetzen könnte. Das Einzige, was ich innerlich wusste, war, dass ich es schaffen würde.

Es war diese Ahnung, diese Gewissheit, die dich überkommt, wenn du das Gefühl hast, dass deine Zeit gekommen ist. Ich wusste, es hieß jetzt oder nie. Obwohl ich schon einige Momente zuvor erlebt hatte, waren meine Energie und meine Einstellung dieses Mal anders. Ich hatte das Gefühl, etwas Großartiges zu erschaffen, und alles um mich herum nahm einen anderen Farbton an. Obwohl die Realität die eines kleinen Unternehmens war, leitete ich in meinen Augen ein großes Unternehmen. Alles wurde dank der Vorstellungskraft verändert; In meinen Augen war es bereits Realität.

Die Tatsache, dass?' statt „Wie?"

Wie erreicht man es? Schon früh wurde mir klar, dass das „Wie" keine Rolle spielt. Das ist es, was ich im Laufe der Zeit verstanden habe, und ich möchte, dass Sie es auch verstehen, jetzt, wo Sie Ihre eigene Karte zeichnen. Die Wahrheit ist, dass das „Wie" so unwichtig und irrelevant ist. Was wirklich Gewicht hat, ist das „Was?" – drei Buchstaben mit tiefer Bedeutung für Ihr Leben. Deshalb lade ich Sie ein, darüber nachzudenken und zu schreiben: Was ist das Wichtigste, was Sie in diesem Moment in Ihrem Leben erreichen möchten?"

Ja, ich weiß, es ist zunächst nicht einfach. Lassen Sie mich die Idee entwickeln und Sie werden es bald verstehen. Es ist eine Verpflichtung, mit der Zeit und Entschlossenheit die Ressourcen festzulegen, die zur Erreichung dieses Ziels erforderlich sind.

Das Geheimnis ehrgeiziger Ziele

Jetzt fragen Sie sich vielleicht: Warum sollten Sie sich das Ziel setzen, täglich 10.000 US-Dollar zu verkaufen, wenn wir nicht einmal 1.000 US-Dollar an einem einzigen Tag erreichen? Lassen Sie mich Ihnen das größte Geheimnis verraten, das ich entdeckt habe: Wenn Sie sich ein so hohes Ziel setzen, ist es viel einfacher, einen möglichen Punkt zu erreichen. Sowohl für mich als auch für das Team war es einfacher, 1.000 USD zu erreichen, wenn wir uns auf die Visualisierung von 10.000 USD konzentrierten. Es war, als ob der Weg zu realistischeren Zielen durch das Streben nach so hohen Zielen von mentalen und emotionalen Hindernissen befreit wäre.

Es war relativ einfach, 1.000 USD zu erreichen, aber als wir diese Zahl erreichten, überkamen uns Freude und Euphorie. Fünf Monate später begannen wir, kontinuierlich die 1.000-Dollar-Marke zu überschreiten. Sobald dieser Wert erreicht war, war es notwendig, über diesem Wert zu bleiben, da ein Unterschreiten leicht und demoralisierend war. Das gesamte Team hatte sich auf dieses Ziel konzentriert, und es war realer und erreichbarer, seinen Leiter dabei zu unterstützen, 1.000 USD pro Tag zu erreichen, als 10.000 USD.

Das Setzen eines Ziels, 10.000 US-Dollar pro Tag zu erreichen, kam uns zunächst fast wie ein Hohn vor, obwohl wir wussten, dass wir nicht einmal 1.000 US-Dollar erreichen würden. Als ich es jedoch entschlossen und mit zunehmender Kraft wiederholte, begann ich mich davon zu überzeugen, dass ich es schaffen würde. Das Überraschende war, dass meine Überzeugung nach und nach andere ansteckte und sie auch an die Möglichkeit zu glauben begannen, sie in die Realität umzusetzen.

Das tägliche Gebet begann Früchte zu tragen, als ich Gott um Weisheit und Intelligenz bat, um meine Ziele zu verwirklichen. Zu diesem Zeitpunkt begann ich mich zu verändern. Ich war nicht mehr nur eine Führungspersönlichkeit mit einem „Was?"-Ansatz. um das „Wie?" zu verstehen. Ich begann zu verstehen, wie es geht, denn als das „Was?" Es ist klar, das „Wie?" es wird einfacher zu finden.

Das Wort Gottes sagt uns in Matthäus 7:7: „Bitte, und es wird dir gegeben." Diese Lehre begann in meinem Leben Sinn zu ergeben, als ich die Kraft des Gebets und des Glaubens verstand, dass Gott die Antworten auf meine Anliegen geben wird.

Die Antworten oder Ideen kamen erst in der Nacht. Gegen drei Uhr morgens kam mir zum ersten Mal eine hervorragende Idee, um mein Ziel zu erreichen. Ich erinnere mich, wie ich im Halbschlaf erkannte, was für eine brillante Idee das war, und noch im Schlaf staunte. Als ich aufwachte, war ich mir sicher, dass es eine unglaubliche Idee war, aber ich muss zugeben, dass ich mich am nächsten Tag nicht mehr daran erinnern konnte. Im Laufe des Tages verspürte ich nur noch den

Kummer, dass ich mich nicht mehr an diese erfolgreiche Idee erinnern konnte.

Es war die erste Erfahrung mit der Idee, die in der Nacht kam. Im Morgengrauen, nach ein paar Tagen, tauchte in einem Traum eine andere Idee auf und es gelang mir, mich an die vorherige zu erinnern. Beide Ideen waren außergewöhnlich und im Traum glaubte ich fest daran, dass ich das erreichen würde, was ich mir vorgenommen hatte. Als die Morgendämmerung anbrach, fühlte ich mich vollkommen glücklich. An diesem Morgen hatte der Prozess des exponentiellen Wachstums zwischen der Qual, sich nicht an die Ideen erinnern zu können, und der Freude über ihre Brillanz noch nicht begonnen.

Da kam mir die Idee, ein Notizbuch oder mein Handy in der Nähe zu haben, um die nächste Idee aufzuschreiben. Ich hatte bereits zwei Ideen verloren, an die ich mich am nächsten Tag nicht mehr erinnern konnte . Ich war besser auf die nächste Gelegenheit vorbereitet, aber es passierte wieder. Bei diesem dritten Mal wachte ich aufgrund des Traums und des Traumzustands nicht auf und träumte weiter. Als ich am nächsten Tag aufwachte, hatte ich das Gefühl, drei brillante Ideen im Kopf zu haben, aber ich schrieb sie nicht auf und erinnerte mich nicht an meine Gedanken.

Manchmal müssen wir verlieren, um die Veränderung herbeizuführen, die wir in uns selbst anstreben. Dieser Transformationsprozess ist herausfordernd und kommt mit außergewöhnlicher Kraft aus unserem Inneren. Wenn Sie beginnen, diese Veränderung zu spüren, wird Ihre Entschlossenheit stärker und beginnt, Ihr Leben völlig zu verändern.

Das vierte Mal erwies sich als der Reiz. Von da an achtete ich darauf, die Ideen, die mir in der Nacht kamen, akribisch aufzuschreiben, wohlwissend, dass ich handeln musste, wenn ich meine Ziele wirklich erreichen wollte. Es war entscheidend, nicht nur die Idee zu haben, sondern sie auch umzusetzen und in die Praxis umzusetzen. Ich verstand, dass es nicht ausreichte, die Idee umzusetzen; Es war wichtig sicherzustellen, dass die Idee selbst erfolgreich genug war, um das Projekt voranzutreiben.

Genießen Sie den Prozess, haben Sie Spaß

Im Laufe der Tage fand, bevor am Morgen die Geschäftstätigkeit aufgenommen wurde, die Morgenbesprechung statt. Diese Sitzung, die 30 bis 45 Minuten dauerte, hatte ein klares Ziel: das Team auf das Tagesziel zu konzentrieren. Das Bemerkenswerte an diesen Treffen war, dass ihnen am Ende jedes Gesprächs eine neue Strategie, Idee oder ein Aktionsplan mitgeteilt wurde. Er schloss immer mit einem Gebet, in dem er seine Dankbarkeit gegenüber Gott zum Ausdruck brachte und den Glauben daran bewahrte, einen Tagesumsatz von 10.000 US-Dollar zu erreichen.

Die Tage vergingen und es schien, als ob nichts passierte. Das hektische Tempo der täglichen Aktivitäten zehrte an unserer Energie. Das Team hatte Zweifel an der Möglichkeit, das Ziel zu erreichen, und das war völlig normal. Oftmals glauben die Menschen um uns herum zunächst nicht. Ihr Glaubensniveau ist so niedrig, dass sie nicht sehen können, was wir aufbauen. Für diejenigen, die nicht mit unserer Vision übereinstimmen, ist es nicht leicht zu verstehen, wohin wir gehen. Das Einzige, was wirklich wichtig ist, ist, Ihr Denken und Handeln auf die Erreichung des angestrebten Ziels zu konzentrieren, egal was passiert und egal wie die Herausforderungen entstehen.

Mit der Zeit und der Umsetzung der Ideen mit der besten Einstellung und Begabung begann die Magie zu geschehen. Das Selbstwertgefühl und das Selbstbild der Gruppe begannen zu wachsen, etwas, das zunächst unerreichbar schien, wurde Wirklichkeit. Plötzlich begann das gesamte Team zu glauben, dass es möglich sein könnte. Die umgesetzten Strategien erwiesen sich als voller Erfolg, und obwohl ich sie hier nicht näher erläutere, ist es wichtig zu bedenken, dass die Ideen zum richtigen Zeitpunkt kommen. Als ich über Walmarts Ideen, Strategien und Taktiken las, fühlte ich mich überwältigt. Bei der Implementierung geht es nicht nur ums Kopieren; Jede Situation erfordert Inspiration und Nachdenken, um die auftretenden Herausforderungen zu lösen.

Das Champions-League-Finale ist da

Als wir die Ideen mit der Leidenschaft, die wir dem Team vermittelt hatten, umsetzten, geschah plötzlich etwas Außergewöhnliches. Wir hatten fast jeden Tag das Gefühl, im Finale einer Meisterschaft zu stehen. Wir bewahrten ständige Freude und Aufregung, getragen von Glauben und Zuversicht in die Zukunft. Wir wussten, dass wir es schaffen würden. Es gab Tage, an denen wir an einem einzigen Tag mehr als 5.000 USD, 6.000 USD und sogar 9.850 USD erreichten. Die Euphorie war unglaublich; Alles lief erstaunlich gut in diesem

Geschäft, in dem nicht einmal 500 USD pro Tag verkauft wurden.

Wir haben ungefähr 20 Monate gebraucht, um dorthin zu gelangen, mit Erfolgen und Fehlern auf dem Weg. In dieser Zeit wurde das Gelernte gefestigt und wir wurden auf den großen Wandel vorbereitet, der im Unternehmen stattfand. Das Ziel zu erreichen ist ein Sieg, aber nichts ist vergleichbar mit dem Aufstieg, wenn niemand glaubt, man aber glaubt. Indem wir das Team Tag für Tag mit Leidenschaft und Hingabe zu diesem Ziel führten, konnten wir es Schritt für Schritt erreichen. Der Prozess war ebenso lohnend wie das Endergebnis.

Inmitten des Brodelns und Aufbrausens bot mir Calisthenics die Gelegenheit, der Mannschaft das neue Ziel vorzustellen. Als Führungskraft hatte ich die Messlatte höher gelegt und jetzt war es an mir, auch das Niveau des Teams zu steigern. In diesem Moment fügte ich einfach eine Null zum vorherigen Ziel hinzu und setzte mir ein neues Ziel: 100.000 USD pro Tag in einer kleinen Gemeinde mit nicht mehr als zwanzigtausend Einwohnern zu verkaufen.

Zu sagen, dass wir es geschafft haben, ist wichtig, aber auf lange Sicht lehrt es nicht so viel wie der Prozess, wie wir es gemacht haben. Lieber Leser, auch Sie können dies erreichen, indem Sie Ihre eigene Karte finden.

Du erreichst dein Ziel, steigerst das Level

Wir waren kurz davor, das Ziel von 10.000 USD pro Tag zu erreichen, aber ich beschloss, die Messlatte noch einmal höher zu legen. Andernfalls würden wir in eine

Zone der Compliance geraten, die mit der Zeit ein hochproduktives Team in ein entmutigtes und apathisches Team verwandelt. Es sind unsere Träume, die uns motivieren, und wir widmen unseren unermüdlichen Einsatz dem Aufbau der Zukunft, die vor uns liegt.

Ich erinnere mich an den Tag, als wir fast 12.000 USD erreichten. Ich lächelte und wusste, dass wir kurz davor standen, die 10.000-Dollar-Grenze zu überschreiten.

Inmitten dieser Gedanken- und Gebetskette setzten wir die Ideen und Strategien um, die wir geplant hatten. Uns wurde klar, dass wir mit Ausdauer an einem einzigen Tag 32.000 USD erreichen könnten. Eine solche Euphorie hatte ich noch nie zuvor gespürt, denn die Strategie, die ich mir vorstellte, um dies zu erreichen, war bereits klar.

Die detaillierte Beschreibung der Strategie zum Erreichen von 10.000 USD oder sogar 100.000 USD ist nicht so wichtig wie die Gewissheit, dass Ihre Strategien genauso effektiv sind. Wenn der Geist konzentriert oder auf „Kontrolle" gesetzt ist, wird er die im Gebet erklärten Ideen weitergeben und darauf vertrauen, die Antworten zu finden, die Sie wirklich brauchen. Denken Sie immer daran, dass Sie nach dem Bild und Gleichnis Gottes geschaffen sind.

Ich könnte Ihnen von den verschiedenen emotionalen Zuständen erzählen, die das Team während dieser Zeit durchlebte, aber ich weiß, dass Sie diese auch erleben werden. Sie werden sich an diese Phase erinnern, als wären Sie in meinem Team und ich wäre jetzt Teil Ihres.

Sie werden lachen, aber du machst weiter.

Sie werden Spaß machen, aber du machst weiter.

Sie werden an dir zweifeln, aber du machst weiter.

Ihre Partner werden Sie nicht unterstützen, aber Sie machen weiter.

Tun Sie die Arbeit, als ob sie für Gott wäre, das lehrt uns das Wort, und so sollte es getan werden.

Sie werden Erfahrungen machen, die Sie wachsen lassen, Sie werden lernen und die auftretenden Probleme lösen. Stellen Sie sich Folgendes vor: Jede neue Lösung, die Sie in Ihrem Leben, in Ihrem Unternehmertum finden, wird Sie vor neue Herausforderungen führen. Nehmen Sie Probleme an, denn die Art und Weise, wie Sie ihnen begegnen, wird Ihr Wachstum bestimmen. Wer angesichts eines Problems aufsteht, besiegt den Riesen, aber wer sich besiegen lässt, hat keinen Erfolg. Du bist der David deiner eigenen Geschichte.

Die Schwierigkeit und der Test

Die Verzweiflung, nicht zu verkaufen, gepaart mit der Angst, die Fixkosten decken zu müssen; die ständige Sorge um die Gehaltsabrechnung und die schwierige Situation, sich entscheiden zu müssen, Menschen zu entlassen, die an einen geglaubt haben und an die man endlich geglaubt hat.

Wenn die Dinge nicht gut laufen, sind die Stimmungen wechselhaft; Lieferanten rufen an und alle wollen Geld, auch Sie. Aber in diesen zwei Wochen bekommst du auch kein Geld; Sie erhalten seit Monaten kein Gehalt und der Vermieter scheint nicht mehr Ihr bester Freund zu sein.

Zu jeder Zeit und besonders in schwierigen Zeiten entdecken wir wirklich, wer wir sind und woraus wir gemacht sind. In schwierigen Situationen entscheiden wir, welche Version von uns wir weitertragen: die eines Gladiators oder die eines Feiglings.

In diesen Zeiten erwarten Sie am meisten Unterstützung von Ihren Partnern, insbesondere wenn es sich um eine Organisation handelt. Um zu wachsen, werden sie sich darauf konzentrieren, echte Lösungen zu finden. Andernfalls wird sich nur ein Vorstand beschweren, weil er nicht die erwarteten Ergebnisse sieht.

Behalten Sie trotz allem den Fokus

Auch wenn die Indikatoren darauf hindeuten, dass Sie verlieren, konzentrieren Sie sich auf Ihre Träume und Ziele. Bedenken Sie, dass es in schwierigen Zeiten, die es immer geben wird, nur um die Prüfung geht, die Ihnen das Leben stellt, um festzustellen, ob Sie auf den Segen vorbereitet sind, der Ihnen bevorsteht.

Eine mutige Denkweise ist unerlässlich, um den Grundstein für etwas Großartiges zu legen. Sie müssen Ihre Ängste vertreiben und sich von Menschen in Ihrer Umgebung fernhalten, die Ihnen Angst machen, auch wenn es sich um geliebte Menschen handelt. Es ist schwer, es zu akzeptieren, aber so ist es. Seltsamerweise sind diejenigen, die uns am nächsten stehen, am ängstlichsten. In gewisser Weise versuchen sie, uns vor Schmerz und Leid zu schützen. Allerdings gibt es auch Menschen, die nicht wollen, dass man Erfolg hat, weil sie sonst ihre eigene Unfähigkeit offenbaren würden. Oft sagen sie es Ihnen nicht direkt, aber ihre Taten sprechen für sich.

Das Weglassen dessen, was man tut, bedeutet nicht zwangsläufig, dass man Beziehungen abbricht. Es bedeutet lediglich, dass einige Leute nicht genügend Informationen über Ihren Weg haben. Organisieren Sie Ihr Leben so, dass keine Informationen an ihre Ohren dringen, die sie beunruhigen könnten. Dies schützt nicht nur Ihre geistige Gesundheit, sondern kommt auch Ihrer Umwelt zugute.

Wenn Sie sich in einer Situation befinden, in der Ihr Partner das, was Sie tun, ablehnt oder überhaupt nicht damit einverstanden ist, stehen Sie vor einer sehr komplexen Situation. Wenn die Beziehung nicht stark ist und auf gegenseitigem Verständnis und gegenseitiger Unterstützung basiert, könnten Sie vor großen Herausforderungen stehen.

Probleme werden immer vorhanden sein; Es ist etwas Normales. Wir können nicht erwarten, alles zu wissen, bevor wir ein Unternehmen gründen. Früher war er einer von denen, die ihr Leben darauf widmeten, alles zu lernen, bevor sie damit anfingen. In der Praxis wurde mir jedoch klar, dass dies kein guter Weg ist. Wirtschaft in der Theorie zu erlernen, ohne sie in die Praxis umzusetzen, ist völlig unpädagogisch.

Für jedes Problem gibt es mehrere Lösungen. Wählen Sie einfach das Beste aus. Ich erinnere mich, dass ich diese Lektion vor einiger Zeit auf einer Konferenz gehört habe. Die Rednerin teilte mit, dass es sie Tausende von Dollar gekostet habe, diese Lektion zu lernen. Jetzt profitieren auch Sie von der Lektüre.

Diese Technologie ermöglicht es Ihnen, das zu erreichen, was Sie wirklich im Leben wollen. Achten Sie darauf und konzentrieren Sie sich darauf: Das Wichtigste, was Sie brauchen, ist, **sich hinzusetzen und nachzudenken, ein Blatt Papier und einen Bleistift zu nehmen** . So seltsam es auch erscheinen mag, alles, was wir brauchen, ist, uns hinzusetzen und nachzudenken und uns der Lösung zu stellen. Es ist faszinierend, wenn man merkt, dass das alles ist, was man braucht.

Was möchten Sie? Setzen Sie sich hin und überlegen Sie, wie Sie es erreichen können. Anfangs fließen die Ideen vielleicht nicht so leicht, aber das ist eine Frage des Trainings. Jedes Mal, wenn Sie es erneut versuchen, wird es einfacher. Denken Sie daran, dass alles trainierbar, verbesserungsfähig und lernbar ist. Also mach weiter!

In der Krise ergab sich die Chance

Jetzt bin ich kein Partner mehr, was ich aus erster Hand erlebt habe, eine ähnliche Situation wie die von Steve Jobs (Proportionen bleiben erhalten). Ich habe den berühmten Film über Jobs mehrmals gesehen und hätte nie gedacht, dass ich etwas Ähnliches erleben könnte. Zu wissen, dass ich irgendwie erleben konnte, was er fühlte und erlebte, war schockierend. Ich hatte die großartige Gelegenheit, es zu erleben, und so ist es passiert.

Wir waren begeistert von der Idee, an einem Tag 32.000 USD zu erreichen. Plötzlich war die Mission klar und wir waren bereit, in Aktion zu treten. Die Freude und Euphorie, die wir empfanden, war nur im Vergleich zu dem, was ich erlebte, als ich Landesmeister wurde. Das

Gefühl, das die Mannschaft in diesem Moment hatte, war wirklich sensationell.

Während dieses Vorgangs erhielt ich die Nachricht: „Sie besitzen nichts, Sie haben keine Dokumente unterschrieben." Obwohl ich wusste, dass es so war, forderte mich diese kleine innere Stimme dazu auf, es zu beweisen, und so tat ich es.

In den vergangenen Tagen warnte mich diese kleine innere Stimme vor dem Problem, aber ich argumentierte, indem ich sagte: „Sie verstehen nicht, wir haben eine mündliche Vereinbarung und ich vertraue dieser Person." Es gab mehrere Gedanken darüber, bis diese Stimme schließlich anfing, eine Wirkung auf mich zu haben. Ich beschloss, die notwendigen Maßnahmen zu ergreifen und die entsprechenden Dokumente vorzubereiten.

Ich tätige den unerwarteten Anruf, den Sie nicht tätigen möchten, von dem Sie aber wissen, dass Sie ihn tätigen müssen. Als ich mich dazu entschloss und erkannte, dass die kleine Stimme Recht hatte, geriet ich in einen Zustand der Verleugnung. Das erste, was ich tat, war, diese Tatsache persönlich zu bestätigen.

Viele Dinge gingen mir durch den Kopf. Ich fühlte mich ausgenutzt, völlig enttäuscht und sehr traurig über das, was ich gehört hatte. Ich beschloss jedoch, es mir persönlich anzuhören. Er war wütend; Es war nicht die beste Einstellung, aber das Gebet mit Gott beruhigte mich nach und nach. Als ich zur verbalen Konfrontation fuhr, würde die geplante Auseinandersetzung aufrührerisch ausfallen. Als ich das Gespräch jedoch während der fast drei Stunden, in denen ich das Auto fuhr, in Gedanken wiederholte, sank meine Temperatur.

Der Geist denkt in dieser Situation über viele Dinge nach. Die Unklarheit, die ich diesbezüglich hatte, veranlasste mich, die Handbremse bei der Strategie anzuziehen. Zum ersten Mal habe ich mein bewusstes Leben selbst sabotiert. Es ist herzzerreißend, sich so zu fühlen und zu wissen, dass alles, was man in 20 Monaten Arbeit getan hat, plötzlich verschwindet und verschwindet, ohne dass man es merkt (wir haben das Ziel von 2000 % in zwanzig Monaten erreicht).

Als ich ankam, war es ruhig und gefasst. Während dieser Zeit. Ich befand mich in einer unerwarteten Situation: Sie bestätigten, dass ich kein Partner, sondern lediglich ein Verkäufer mit Verkaufsprovision sei. Ich habe mich vom Besitzer des Schildes zum besten Verkäufer entwickelt. Die Nachricht gefiel mir nicht; Es war weder die Antwort, die ich erwartet hatte, noch die Realität, die ich mir vorgestellt hatte.

den Berg erklimmen

Den Berg zu besteigen und zu beten wurde zu meinem persönlichen Ritual in Situationen, die Konzentration und Lösung erforderten. Ich wurde von den Praktiken des Alten Testaments inspiriert. Wenn Sie gläubig sind, lade ich Sie ein, dasselbe zu tun. Wenn nicht, versuchen Sie es trotzdem und Sie werden sehen, wie die Lösungen angezeigt werden.

„Auf den Berg zu steigen und zu beten wurde zu meinem persönlichen Ritual in Situationen, die Konzentration und Lösung erforderten.“

Auf der Suche nach Weisheit und Antworten habe ich den Berg bestiegen. Damals war das Geschäft auf dem Höhepunkt, aber ich hatte das Gefühl, ein großes Gebäude für jemand anderen zu bauen. Frustration und Verwirrung überkamen mich, als ich hoch oben auf dem Berg nach Führung suchte.

Er erinnerte sich an die Worte aus Jeremia 33:3: „Rufe mich, und ich werde dir antworten und dir große und verborgene Dinge zeigen, die du nicht kennst." Als ich den Berg bestieg, wiederholte ich dieses Gebet verzweifelt und weinte, als ob etwas meine Seele gebrochen hätte und ich das Universum um Antworten bitten müsste.

Als ich den Berg bestieg, suchte ich nach Antworten. Obwohl es nicht leicht zu verstehen war, glaube ich, dass ich aufgeschrien habe. Und das Beste: Ich habe gefunden, wonach ich gesucht habe.

Ich habe den Berg mehr als drei Stunden lang bestiegen und dabei etwa drei Kilometer zurückgelegt. Als ich aufstieg, fand ich nicht die Antworten, nach denen ich suchte, aber ich wollte sie trotzdem finden. Je höher ich kletterte, desto näher kam ich ihrer Suche, obwohl mich Gedanken emotionaler Verzweiflung plagten.

Plötzlich kam ich an einen Ort, an dem sich eine Karte befand, die ich vor acht Jahren gesehen hatte. Damals war ich zu Übungszwecken aufgestiegen, hatte aber nicht genug Zeit, um den Joaquina-Wasserfall zu erreichen. Auf der Suche nach Antworten war er nun entschlossen, Kontakt aufzunehmen.

Als ich vor etwa 8 Jahren zum ersten Mal hinaufging, erreichte ich einen bestimmten Punkt und kam aus

Zeitmangel zurück. Bei dieser Gelegenheit erinnerte ich mich beim Aufstieg daran, wie weit ich gekommen war, und ich war glücklich, denn jetzt würde ich den Wasserfall sehen. Der Aufstieg war steil und je höher ich kam, desto müder wurde ich. Ich hoffte, so schnell wie möglich dorthin zu gelangen, zu Fuß zu gehen und die Landschaft vor mir zu genießen.

Nachdem ich einige Minuten in Richtung des Wasserfalls gelaufen war, gelangte ich statt des Wasserfalls zu einer anderen Straße. Ich sah ein Haus und fragte ein paar Herren, ob sie den Jacinta-Wasserfall kennen (eigentlich heißt er Joaquina, aber dieser Name ist mir mehr in Erinnerung geblieben). Einer von ihnen sagte mir den Weg dorthin. Seine Erklärung war, dass er etwas mehr als 500 Meter genau dorthin zurückkehren musste, wo er aufgetaucht war.

Ich habe es nicht verstanden. Er war müde, deprimiert und hatte schlechte Laune. Nett zu sein war damals nicht mein Hauptmerkmal. Ich sagte ihm: „Aber auf der Karte stand, dass es hier sein sollte." Ich hatte eine solche Einstellung, dass ich innerlich glaubte, es sei die Schuld des Herrn, dass der Wasserfall nicht auf dem Weg lag, auf dem ich geglaubt hatte, dass er sei.

Den Berg hinuntergehen

Während ich den Berg hinunterging, dachte ich immer wieder über meine Suche und die Fragen nach, die ich mir stellte. Obwohl er die Hälfte des Weges zurückgelegt hatte, hatte er immer noch nicht die Antwort gefunden, nach der er suchte. Er bezweifelte, dass er sie überhaupt finden würde, besonders wenn er sie am meisten brauchte. Bei früheren Gelegenheiten hatte er beim

Aufstieg auf den Berg mit einem bestimmten Ziel Antworten gefunden. Jetzt war es anders.

Plötzlich hörte ich mitten im Dschungel ein Geräusch. Ich kam näher und der Lärm wurde lauter. Ich bekam Angst und rannte los. Ich dachte, es wäre eine Klapperschlange, aber da ich keine Erfahrung mit solchen Geräuschen hatte, könnte ich mich irren.

Schließlich kam ich am Ausgangspunkt an, wo sich die Karte befand. Anders als beim ersten Mal, als ich hinaufging, traf ich einige Einheimische, die ich nach dem Wasserfall fragte. Sie zeigten mir den richtigen Weg dorthin und boten mir an, sie zu begleiten. Es waren drei von ihnen und einer hatte eine Machete. Mein Selbsterhaltungsinstinkt sagte mir nein, also dankte ich ihnen und sie gingen.

Auf der Karte, einem etwa anderthalb Meter breiten und zwei Meter langen Schild, befanden sich einige Büsche, die den Weg, den ich genommen hatte, vom wahren Weg zum Wasserfall trennten. Die wirkliche Route habe ich weder beim ersten noch beim zweiten Aufstieg gesehen. Zuerst war ich davon überzeugt, dass der Weg, den ich vor Jahren eingeschlagen hatte, der richtige war, aber da ich ihn nicht zu Ende bringen konnte, wusste ich nie, ob er wirklich zum Ziel, zum Wasserfall, führte.

Im Leben geraten wir oft in Verwirrung und gehen den falschen Weg, weil wir die Prozesse noch nicht abgeschlossen oder die Kreisläufe nicht geschlossen haben. Erst wenn wir die Kreisläufe abschließen und schließen, wissen wir, wie weit wir gehen können. In der Zwischenzeit werden wir eine leere und bedeutungslose Erfahrung machen, die unsere Existenz nicht nährt. Dies führt dazu, dass wir im Leben herumlaufen und zum gleichen Ausgangspunkt zurückkehren.

Nachdem ich mich von den Herren verabschiedet hatte und mich auf den Weg zum Berg machte, lächelte ich. Die Botschaft und die Reaktion waren angekommen, und das Hauptziel, für das er sich aufgemacht hatte, war klar. Die Botschaft erreichte mich mit so viel Kraft und Eindringlichkeit, dass ich dankbar lächelte. Er hatte die Offenbarung gehabt.

Die Offenbarung

Ich war glücklich und aufgeregt, denn die Botschaft kam sehr stark und so klar, dass meine Tränen jetzt Freudentränen waren. Ich fühlte eine Erleichterung in meiner Seele und die Kraft meines Herzens schlug in Dankbarkeit gegenüber Gott, weil ich die Antwort erhalten hatte. Ich verstand alles und dankte Gott für alles. Alles, was dir passiert, ist zum Guten, wenn du lernst, die positive Seite der Dinge zu sehen. Mein Schwung steigerte sich wieder zu einem weiteren Start, obwohl ich nicht wusste, was. Das Einzige, was ich wusste, war, dass es mir jetzt besser ging.

„Alles, was dir passiert, ist zum Guten, wenn du lernst, die positive Seite der Dinge zu sehen."

Ich habe alles verstanden und Gott sei Dank ist alles, was dir passiert, zum Besten. Ich lernte, die positiven Seiten der Dinge zu sehen, und mein Schwung für einen Neuanfang wurde erneuert, obwohl ich nicht genau wusste, was das bedeuten würde. Mir war nur klar, dass es mir bereits besser ging.

Ich erinnere mich an eine Geschichte, die der Pfarrer der Kirche erzählte. Es erzählt die Geschichte eines Königs und seines Knappen. Der König reitet auf einem Pferd und schlägt sich mit einem Ast. Der Gutsherr sagt zu ihm: „Gott sei Dank." Der König schaut ihn etwas mürrisch aus dem Augenwinkel an. Später bereitet der König seine Schrotflinte vor, schießt versehentlich darauf und bläst ihm einen Teil des Fingers ab.

Der Gutsherr sagt noch einmal: „Gott sei Dank." Diesmal befahl der König sofort, den Gutsherrn einzusperren. Monate später nehmen einige Indianer den König gefangen und planen, den Göttern ein Opfer darzubringen. Wenn es auf dem Scheiterhaufen geopfert werden soll, prüft die Hexe oder der Zeremonienmeister das Opfer. Schauen Sie sich Kopf, Arme, Bauch und Brust an, alles ist in Ordnung. Als er jedoch die Füße untersucht, stellt er fest, dass die Opfergabe fehlerhaft ist und beschließt, den König aus diesem Grund freizulassen.

Zurück im Schloss, nachdem er befreit worden war, ließ der König den Knappen holen und erzählte ihm, was passiert war, wobei er sich verlegen entschuldigte. Der Knappe blickt den König ruhig an und sagt zu ihm: „Nein, für alles musst du Gott danken. Wenn ich mit dir gegangen wäre, wäre ich den Göttern geopfert worden. Ich war immer an deiner Seite. Für alles, danke." ihm, tschüss.

Diese Botschaft hallte stark in meinem Kopf wider und die Worte überraschten mich. Meine Begeisterung wuchs und die Ruhe kehrte in mich zurück.

Überprüfen Sie die Karte

Die Nachricht hallte in meinem Kopf wider und enthüllte, dass ich es vor Jahren nicht geschafft hatte, den Wasserfall zu erreichen, weil ich keine Karte hatte. Obwohl die Karte immer da war, achtete ich beim ersten Versuch, nach oben zu gelangen, nicht besonders darauf. Aber dieses Mal war es anders, denn nachdem ich sie gesehen hatte, verstand ich die Bedeutung der Karte im Leben.

In diesem Moment strömten Erinnerungen an alles zurück, was ich erlebt hatte: an die Erfolge und Misserfolge, die mich zu dem Menschen gemacht hatten, der ich heute bin. Dank des gesamten Prozesses, den ich durchlaufen hatte, hatte ich mir das Ziel vorgestellt, an einem Tag 100.000 USD zu verkaufen. Das Erreichen dieses Ziels und der Weg, es zu erreichen, wurden zu der Karte, die ich im Laufe der Zeit gezeichnet hatte.

Jetzt wusste ich, wie man sich große Ziele im Leben setzt und diese erreicht. Ich verstand, dass das Grundlegende darin bestand, zu wissen, was ich mit meinem Leben anfangen wollte; das „Wie" käme noch hinzu. Ich musste es einfach wagen und dabei Risiken eingehen. Obwohl ich mein eigenes Unternehmen aufgebaut hatte, war ich in der Vergangenheit mit rechtlichen Herausforderungen konfrontiert, was für mich nichts Neues war.

Beim Blick auf die Karte wurde alles klar. Im Gespräch mit den Landwirten wurde die Klarheit noch deutlicher. Jetzt wusste ich, dass ich in einer anderen Tätigkeit neu beginnen und auf diesem neuen Weg eine neue Landkarte für mich zeichnen konnte, egal auf welche Branche ich mich wieder konzentrieren wollte.

Die Botschaft hatte einen starken Widerhall und alles war in meinem Kopf miteinander verflochten, obwohl es eine Herausforderung war, dasselbe Gefühl in schriftlichen Worten festzuhalten. Kurz gesagt, der Prozess, herauszufinden, wie man 100.000 US-Dollar pro Tag verkauft, war das Ergebnis meiner Erfahrungen: Das war meine Karte und es könnte auch Ihre sein.

Bei meinem ersten Versuch, den Berg zu besteigen, habe ich es nicht geschafft, weil die Karte nicht klar war und niemand jemanden fragte, der mich hätte fragen können. Dies führte mich zu dem Schluss, wie wichtig es ist, zu lernen, eine Karte mit der Weisheit und Erfahrung zu erhalten, die man in diesem Moment hat. Die Menge an Erfahrung ist nicht so wichtig wie die Aktion, die man dabei durchführt; Unterwegs lernt und versteht man alles. Wenn wir den Fokus aufrechterhalten, werden wir genügend Reife entwickeln, um jedes Projekt und jeden Zweck im Leben zu verwirklichen.

„Die Menge an Erfahrung ist nicht so wichtig wie die Handlung, die dabei entsteht; nebenbei lernt und versteht man alles."

Alles war klar, zumindest dachte ich das. Ich dachte über diese Wahrheit nach und erkannte, dass ich jetzt meine eigene Karte erstellen konnte. Mir wurde klar, dass ich in der Lage war, meine eigenen Karten zu erstellen, die für meinen persönlichen Gebrauch bestimmt waren. Ich konnte keine benutzerdefinierte Karte für jemand anderen erstellen. Ich müsste diese Person genau kennen, um ihr helfen zu können. Deshalb habe ich es vorgezogen, diese Geschichte als Beispiel für diejenigen zu teilen, die bereit sind, ihren eigenen Weg zum Erfolg zu finden.

Beim zweiten Aufstiegsversuch schaffte ich es ebenfalls nicht. Obwohl ich die Karte gesehen hatte, konnte ich sie nicht verstehen und hatte niemanden, den ich fragen konnte. In gewisser Weise ist diese Geschichte meine Art, Ihnen zuzuhören und Sie beim Aufbau Ihrer eigenen Erfolgskarte zu begleiten.

Lernen Sie, die Karte zu lesen

Am nächsten Tag, während ich noch darüber nachdachte, was mir widerfahren war, kam mein Neffe, dieser geliebte Mensch, der in einem der nachdenklichsten Momente meines Lebens Rat suchte. Ich erzählte ihm den gesamten Prozess und er war der erste Mensch, der die ganze Geschichte hörte.

Aufgeregt erzählte er mir, dass er zum Wasserfall gehen wollte. Ich antwortete: „Komm schon, ich kenne sie auch nicht." Ich schaute auf die Uhr, es war nach zwei Uhr nachmittags. Ich habe einige Überlegungen angestellt und beschlossen, ihn zu begleiten. Wir fuhren mit dem Motorrad bis zu der Stelle, wo es mit dem Auto erreicht werden konnte, stellten es ab und ich erklärte ihm den falschen Weg, den ich bei meinen ersten Versuchen eingeschlagen hatte. Mit Bestimmtheit sagte ich ihm: „Es geht hier entlang."

Wir rannten voller Vorfreude los, um schnell anzukommen. Wir gingen weiter vorwärts, er rannte mit Beweglichkeit neben mir her. Später wurde mir klar, dass er nicht mehr an meiner Seite war. Ich drehte mich um und ermutigte ihn, schneller zu gehen. Wir rannten weiter und in unserer Eile, dorthin zu gelangen, kamen wir an einen Punkt, an dem uns klar wurde, dass wir mehr Zeit brauchten. Es gab eine Weggabelung; Ich nahm den Weg, der nach unten führte, aber ein paar Meter später fühlte ich mich angesichts des Wasserfalls verloren, also beschlossen wir, zurückzukehren.

In der Zwischenzeit erhielt ich einen Anruf von einem Freund. Wir sprachen über Geschäft, spirituelles Wachstum und andere Themen. Ich habe herausgefunden, dass Mike Tyson heute Morgen erneut gekämpft hat; Obwohl er klar gewann, einigte man sich auf ein Unentschieden, da es sich um einen Schaukampf handelte. Außerdem erfuhr ich, dass Elon Musk auf der Liste der reichsten Männer der Welt auf den zweiten Platz vorgerückt war. Ich bewundere diese beiden Vertreter zutiefst für ihre Fähigkeit, ihre eigene Karte zum Erfolg in ihren jeweiligen Bereichen zu erstellen.

Zurück im Büro stiegen wir auf das Motorrad und fuhren den Berg hinunter, ohne den Wasserfall gesehen zu haben. Wir hatten keine Zeit, aber wir haben uns verpflichtet: dieses Buch zu schreiben. Diese Geschichte musste erzählt werden, und so versprach ich es dem Neffen.

Ein paar Tage später hatte ich die Gelegenheit, diese Geschichte einem Freund zu erzählen. Sie, so charmant und zart, hörte mir begeistert zu und folgte mir aufmerksam, während ich ihr erzählte, wie weit die Geschichte ging. Er war von der Geschichte berührt und beschloss, mich auf den Berg zu begleiten, um gemeinsam den Wasserfall zu besichtigen.

Wir haben den Aufstieg geplant, aber das ist schon ein Detail. Die wichtige Botschaft besteht darin, zu lernen, wie man die Karte erstellt. Jeder Mensch muss lernen, seinen eigenen Weg zu finden, und Mentoren auf dem

Weg werden Ihnen dabei helfen, den Prozess zu
verkürzen.

Einen Führer oder Mentor finden

Am darauffolgenden Sonntag, nachdem ich mich
vorgenommen hatte, mit meiner Freundin auf den Berg
zu gehen, und niemanden gefunden hatte, der uns
begleiten konnte, wurde sie vom Aufstieg entmutigt, und
so beschloss ich, alleine hinaufzugehen. Diesmal war es
der Reiz, der vierte Versuch.

Dieses Mal hatte ich ein anderes Ziel im Sinn, etwas, das
außerhalb des Kontexts dieses Buches liegt. Ich kann
nur sagen, dass meine Absicht eine positive Resonanz
erhalten hat.

Als ich den Punkt auf der Karte erreichte, fielen mir
einige deutliche Unterschiede auf. Ich studierte die Karte
sorgfältig und plötzlich erschien ein junger Mann von
etwa 14 Jahren. Ich fragte ihn, ob er den Wasserfall
kenne , und er bestätigte, dass er es wusste. Die Herren
auf meinem zweiten Aufstieg kannten den Wasserfall
nicht, was mich lehrte, wie wichtig es ist zu wissen, wen
und was ich fragen sollte.

Ich erklärte ihm, dass es auf dem Weg zum Wasserfall
zwei Wege gab, einen nach unten und einen geradeaus.
Er sagte mir, ich solle immer gerade gehen und niemals
hinuntergehen. Also beschloss ich, seinem Rat zu folgen
und machte mich auf den Weg zum Wasserfall.

Den Wasserfall entdecken

Das ferne Geräusch eines Wasserfalls begann die Luft zu erfüllen, als er weiter in die dichte Vegetation hineinging. Jeder Schritt, den ich machte, brachte mich dem Ziel näher, obwohl der Weg nass und rutschig war und die kleinen Bäche, die ich überquerte, meine Schuhe nass machten. Die Luft war feucht und die überwucherte Vegetation deutete darauf hin, dass seit Jahren niemand mehr dort gewesen war.

Nachdem er einen langen Kilometer gelaufen war, erreichte er schließlich eine Lichtung mitten im Dschungel. Vor meinen erstaunten Augen offenbarte sich ein Naturschauspiel: ein majestätischer Wasserfall, hoch und mächtig, der in ein natürliches Becken mit kristallklarem Wasser stürzte. Aber das Erstaunlichste von allem war der Regenbogen, der in den Wassertropfen tanzte und ein Spektakel aus schillernden Farben erzeugte, das die Landschaft erleuchtete.

Vorsichtig näherte ich mich dem Wasserfall, die kleinen Wasserpartikel umhüllten mich. Es fühlte sich an wie ein Geschenk des Himmels, als würde die Natur selbst die Ankunft feiern.

Die Aufregung überkam mich, als ich in den natürlichen Pool eintauchte. Das kalte Wasser umhüllte ihn und die Kraft des Wasserfalls traf meinen Körper mit belebender Energie. Er fühlte sich wie in einem Traum, als hätte er einen seit Jahrhunderten verlorenen Schatz entdeckt.

In diesem Moment fühlte ich mich wie ein wahrer Entdecker, wie ein Pionier, der einen geheimen Winkel der Welt entdeckt hatte. Euphorie erfüllte meine Gefühle, als ich mich vom Wunder des Wasserfalls mitreißen ließ, dankbar dafür, dass ich trotz der Herausforderungen auf dem Weg bei meiner Suche durchgehalten hatte.

Und so entdeckte ich mitten im Dschungel nicht nur die Schönheit der Natur, sondern auch ein Erfolgserlebnis und ein Wunder, das mich für immer begleiten würde. Mein Herz schlug im Rhythmus des Wasserfalls und sein Geist erhob sich mit der Pracht des Regenbogens.

Als ich mir die Karte ansah, wurde mir klar, dass es eine andere Route näher an der Straße gab. Ich schätzte, dass sie etwa 100 Meter entfernt war, statt der 1.000 Dollar, die ich für die Fahrt dorthin zahlen musste, wo ich hin wollte. Ich verstand, dass das Beste darin bestand, zu lernen, die Karte richtig zu lesen und nach der kürzesten Route zu suchen.

Als ich auf den Wasserfall zuging, wurde mir klar, dass ich schneller dorthin gelangen könnte, wenn ich lernen würde, die Karte besser zu lesen. Die Idee ergab für mich Sinn. Ich stellte mir vor, den Wasserfall zu erreichen und auf der anderen Seite zurückzukehren, um zu zeigen, wie wichtig es ist, den Weg abzukürzen und zu lernen, die Karte effektiv zu lesen.

Als ich jedoch ankam und den Wasserfall bewunderte, stellte ich enttäuscht fest, dass es keinen kurzen Weg gab. Die Botschaft wurde geändert: Es ging nicht mehr darum, zu lernen, den Weg abzukürzen, sondern darum, der Karte richtig zu folgen.

Im Leben suchen wir oft nach Abkürzungen und schnellen Möglichkeiten, Dinge zu erledigen, ohne zu wissen, wann sie zum Erfolg führen. In diesen Momenten **sind Entschlossenheit und Tatendrang**

der entscheidende Faktor, der über Erfolg und Misserfolg entscheidet . Darüber hinaus ist Scheitern, wenn man es als Lernen betrachtet, für unsere menschliche Entwicklung von Vorteil, ungeachtet dessen, was außerhalb der Welt des Unternehmertums gedacht wird.

„Im Leben suchen wir oft nach Abkürzungen und schnellen Möglichkeiten, Dinge zu erledigen, ohne zu wissen, wann sie zum Erfolg führen.“

Wenn andere den Weg bereits gefunden haben, ist es wichtig, aus ihren Erfahrungen zu lernen. Das sind die Mentoren, Menschen, die bereits auf dem Weg sind, den wir erreichen wollen. Ihre Erfolgs- und Misserfolgsgeschichten können für uns eine Quelle der Inspiration sein. In meinem Fall war die Karte gut gemacht, aber Annahmen und Fehlinterpretationen führten mich zu falschen Schlussfolgerungen und verzerrten die wahre Botschaft.

„Wenn andere den Weg bereits gefunden haben, ist es wichtig, aus ihren Erfahrungen zu lernen.“

Diese Erfahrung erinnerte mich an eine Geschichte über einen König, der einen Rat von Weisen einberufen hatte, um ein Dokument zu erstellen, das jedem, der es las, Orientierung geben und ihm die Kontrolle über sein Schicksal geben konnte. Die Weisen trafen sich fünf Jahre lang und legten zwölf Bände vor, wie dies zu erreichen sei. Als der König die Bücher sah, bat er um etwas Kürzeres. Fünf Jahre später kehrten sie mit nur einem Buch zurück, aber es schien dem König immer noch zu lang. Nach weiteren zehn Jahren Arbeit präsentierten sie ein einziges Blatt, auf dem stand: **„OHNE ARBEIT GIBT ES KEINE ABKÜRZUNG** . “

Die Verbindung

Die Wasserfallkarte führte mich zu der Erkenntnis, dass ich im Laufe meines Lebens verschiedene Methoden für das Unternehmen entwickelt hatte, die in der Entwicklung hoher Ziele endeten. Und diese Ziele auf die gleiche Weise zu erreichen, als würde man den Wasserfall erreichen, wie in einem Gleichnis, wobei das Leben selbst als der große Lehrer fungiert, der es ist.

Dieses Gleichnis, die Karte zu verstehen, um den Wasserfall zu erreichen und große geschäftliche Ziele zu erreichen, führte zu diesem Ergebnis.

Schließen Sie den Kreislauf und machen Sie weiter

Das abschließende Gespräch mit dem Partner, das nicht konfrontativ, sondern eher ein Gentleman-Talk war, machte mir klar, wie wichtig es ist, für alles, was im Leben passiert, dankbar zu sein. Zu diesem Zeitpunkt verstehen Sie vielleicht nicht, was Gott Ihnen beibringt, aber im Nachhinein wurde mir klar, dass ich mehr verdient hatte und mehr Freizeit hatte, um das Leben zu genießen. Das ist unbezahlbar. Die Karte, die ich damals erstellte, war auf dem richtigen Weg und ich erstellte mehrere Karten für mich.

Das Treffen wurde zu einer gegenseitigen Erklärung dessen, was jeder gesagt, gedacht und geglaubt hatte. Ich kam zu dem Schluss, dass es sich um ein Kommunikationsproblem handelte. Er kümmerte sich um die Gesellschaft, ich behielt die Karte und wir waren beide zufrieden mit dem, was Gott für uns bestimmt hatte.

Es ist nicht der Zweck dieses Buches, mich mit den Details dieser Geschichte zu befassen, und es wäre unfair, hier meine Position darzulegen, da die Wahrheit ganzheitlich ist und mein Gegenüber in dieser Angelegenheit auch Recht hat.

Lernen Sie, das Wertvollste aus dem Leben herauszuholen; In jedem Moment gibt es Lehren der Weisheit, die die Welt kennen muss, und Sie können der Lehrer sein, den wir alle brauchen, um besser zu leben.

„In jedem Moment gibt es Lehren der Weisheit, die die Welt kennen muss, und Sie können der Lehrer sein, den wir alle brauchen, um besser zu leben."

Es ist Zeit, sich noch einmal neu zu erfinden. Man muss eine positive Einstellung bewahren, Vertrauen in die Gegenwart haben und eine klare Perspektive für die Zukunft haben.

Nachdem Steve Jobs Apple verlassen hatte, erfand er sich neu und revolutionierte neun verschiedene Branchen. Im Film über sein Leben kehrt er schließlich zurück. Ich weiß nicht, ob in meinem Fall etwas Ähnliches passieren wird. Das Einzige, was hier und jetzt sicher ist, ist, der Neuerfindung mit Leidenschaft und Zuversicht in die Zukunft zu begegnen.

„Im Leben bekommen wir nicht das, was wir verdienen, sondern das, was wir schriftlich aushandeln."

Nachdem ich mich aus dieser Situation befreit hatte und einen klaren Kopf hatte, kamen die Ideen und die Kreativität sprudelte. Ich überprüfte die verfügbaren

Ressourcen und konzentrierte mich auf die Arbeitskapazität. Wenn er es schon einmal geschafft hatte, konnte er es noch einmal tun. Ein wahrer Champion muss seinen Titel immer wieder verteidigen, solange er die Energie hat, weiter anzutreten.

„Was in deinem Kopf passiert, macht mehr Spaß als soziale Medien"

Wenn Sie sich wirklich auf Ihre Ziele konzentrieren, erleben Sie eine innere Geschichte, die so spektakulär ist, dass sie alle äußeren Ablenkungen in den Schatten stellt. Die Faszination für das, was man erreicht, wird so groß, dass soziale Netzwerke, Plattformen wie TikTok, Facebook oder Instagram und andere Formen der Unterhaltung an Bedeutung verlieren. Wenn Sie nach Hause kommen, wenn Sie sich nachts hinlegen, die Augen schließen und in den Film Ihres Lebens eintauchen, wird Ihnen klar, was für ein unglaubliches Ereignis da passiert.

In diesem Zustand der Konzentration wird das, was in Ihrem Kopf passiert, aufregender als das, was um Sie herum passiert. Das Wunder Ihrer eigenen Erzählung, Ihrer Projekte und Erinnerungen ist von wesentlich größerer Bedeutung als das, was möglicherweise in sozialen Medien, internationalen Nachrichten oder technologischen Fortschritten passiert. Diese tiefe Fokussierung auf Ihre Ziele schafft eine innere Welt, die so lebendig und bereichernd ist, dass sie zu einer Quelle der Zufriedenheit und Bedeutung wird und äußere Ablenkungen überwindet.

Wenn Sie den Punkt erreichen, an dem das, was in Ihrem Leben passiert, faszinierender ist als alles andere in den sozialen Medien, wird Ihnen klar, dass Sie auf der höchsten Ebene träumen, die Ihr Verstand zulässt. Dieser Zustand zeigt, dass Sie auf dem Weg sind, etwas Großes, etwas Gigantisches zu erreichen. Dieses Maß an Konzentration und Hingabe wird nur erreicht, wenn Sie sich wirklich dafür einsetzen, Ihr volles Potenzial zu entfalten. Sie stehen kurz davor, wichtige Ziele zu erreichen und außergewöhnliche Erfolge zu erzielen.

Zweiter Teil: Erstellen Sie Ihre Karte

So erstellen Sie die Karte

Im ersten Teil wurde praktisch alles detailliert beschrieben, was in einer Fallstudie passierte, die zum Erfolg mit einer Umsatzsteigerung von 2000 % in einem Zeitraum von zwanzig Monaten führte. Jetzt konzentrieren wir uns auf die Erstellung einer Karte, einer Methodik, die in verschiedenen Kontexten und Kulturen angewendet werden kann. Das Ziel wurde erreicht, aber was wirklich wichtig ist, ist, dem Leser zu vermitteln, dass man auch erreichen kann, was man sich vorgenommen hat Menschen verschwenden die meiste Zeit, auch durch Sinnlosigkeit. Sie enden mit einem Leben, das glänzen könnte.

Alles beginnt mit einem aus Erfahrung entwickelten Akronym, das dazu beitrug, klare Ideen zu entwickeln, um zu lehren, wie jemand anderes seine eigene Karte erstellen kann. Dieses Akronym ist Vzan und bezieht sich auf: Vision, Ziele, auszuführende Aktivitäten und Überwachung.

Diese Elemente sind für die Entwicklung einer Arbeitsagenda unerlässlich, das Ergebnis einer Reihe von Plänen, die ausgeführt werden müssen, um von Punkt A nach Punkt B zu gelangen.

Ein vollständiger Vzan findet in Anlehnung an den olympischen Zyklus über einen Zeitraum von vier Jahren statt. So wie sich Hochleistungssportler auf ihre Bestleistungen vorbereiten und olympische Rekorde brechen, werden Sie in Ihrem Unternehmen und in Ihrem Leben planen, diese Ergebnisse in Ihrem Bereich zu erzielen. Jedes Jahr ist in vier Pläne unterteilt, die alle drei Monate ausgeführt werden, was zu vier Mikrozyklen pro Jahr und sechzehn Mikrozyklen in einem Zeitraum von vier Jahren führt.

Vision: Vision ist eine langfristige Aussage, die den gewünschten zukünftigen Zustand einer Organisation, eines Unternehmens oder einer Einzelperson beschreibt. Es ist ein klares und inspirierendes Bild davon, was wir in Zukunft erreichen wollen.

Ziel: Ein Ziel ist ein spezifisches, messbares Ziel, das eine Person, Organisation oder ein Unternehmen in einem bestimmten Zeitraum erreichen möchte. Die Ziele sind konkret und sollen den Fortschritt bei der Erreichung umfassenderer Ziele messen. Dabei handelt es sich um klare, definierte Aussagen, die beschreiben, was Sie erreichen möchten, und die eine klare Richtung für Ihr Handeln und Ihren Fokus vorgeben. Ziele sind erreichbar und realistisch und werden mit definierten Zeitrahmen festgelegt, um den Erfolg und den Fortschritt auf dem Weg zum Erreichen zu bewerten.

Auszuführende Aktivitäten: Die auszuführenden Aktivitäten beziehen sich auf die spezifischen Aufgaben und konkreten Aktionen, die durchgeführt werden müssen, um ein bestimmtes Ziel zu erreichen und das vorgeschlagene Ziel zu erreichen. Bei diesen Aktivitäten handelt es sich um geplante Aktionen, die Teil eines Prozesses oder Projekts sind und darauf ausgelegt sind, vordefinierte Ziele und Vorgaben zu erreichen. Sie können in ihrer Komplexität und ihrem Umfang variieren und sind oft in logischen Abfolgen organisiert, um einen geordneten Fortschritt beim Erreichen der gewünschten Ergebnisse sicherzustellen. Diese Maßnahmen sind für die Umsetzung von Strategien, den Abschluss von Projekten und das Erreichen festgelegter Ziele von wesentlicher Bedeutung und erfordern eine ordnungsgemäße Zuweisung von Ressourcen und eine angemessene Überwachung, um ihre erfolgreiche Umsetzung sicherzustellen.

Überwachung: Unter Überwachung versteht man den Prozess der Überwachung und Bewertung des Fortschritts bei der Erreichung festgelegter Ziele und durchzuführender Aktivitäten. Dazu gehört die regelmäßige Überprüfung der Leistung, die Identifizierung von Verbesserungspotenzialen und die Vornahme notwendiger Anpassungen der Strategien, um sicherzustellen, dass Fortschritte in die richtige Richtung erzielt werden.

In der Dreimonats- Vzan- Tabelle gibt es ein Beispiel als Referenz. In der ersten Spalte sind Tage von 1 bis 90 aufgeführt, in der ersten Zeile sind die auszuführenden Aktivitäten aufgeführt, am Ende sind die Compliance-Prozentsätze aufgeführt, die bei liegen müssen 100%.

Beispiel : Aktivität 1 wurde täglich ausgeführt und erreichte 100 %, die folgenden Aktivitäten endeten mit 50 %, 30 % und 20 %. Am ersten Tag wurden die drei geplanten Aktivitäten durchgeführt, was zu einer Erfolgsquote von 75 % führte. Dies dient dazu, eine tägliche Überwachung der durchzuführenden Tätigkeiten durchführen zu können. Durch die richtige Überwachung ist gewährleistet, dass die vorgeschlagenen Ziele und damit die Vision erreicht werden. Wenn die vorgeschlagenen auszuführenden Aktivitäten nicht so effektiv sind, werden sie geändert. Das Wichtigste ist, das Ziel zu erreichen. Es können plötzlich bessere Ideen auftauchen, und wenn eine Aktivität geändert werden muss, wird sie geändert, um die vorgeschlagenen Ziele zu erreichen.

Eine klare Vision oder klare Träume davon, was Sie wirklich entwickeln möchten, ist in der Realität das Schwierigste, wenn Sie Klarheit darüber erlangen, was Sie wollen und wie es im Laufe der Zeit organisiert wird. Sie müssen nicht warten, um alles zu haben Antworten am Anfang, am Anfang ist es nur wichtig, sich darüber im Klaren zu sein, wohin man geht, nach Überlegungen und Gebeten im Glauben und in der Dankbarkeit werden die spektakulärsten Ideen eintreffen.

„Man muss nicht gleich am Anfang warten, bis man alle Antworten hat"

Wenn das Was? Es ist jetzt klar, dass das Einzige, was jetzt nötig ist, darin besteht, Schritt für Schritt festzulegen, welche Aktivitäten ausgeführt werden sollen und was befolgt werden muss. Aus diesem Grund müssen Sie sich der leeren Seite stellen und mit dem Schreiben beginnen, unter Berücksichtigung der Letzteres als die maximale Technologie, um alles zu erreichen. Wenn Sie jetzt bereits in der Ausführung sind, wenn Sie bereits täglich darüber nachdenken und davon träumen, bestimmte Ergebnisse zu erzielen, wird der Schlüssel immer in dem Gebet liegen, das wir täglich beten, denn es ist ein Gebet, das Wir beten mit Glauben und der Überzeugung, dass dies real sein wird, dass es möglich sein wird und dass Sie innerhalb einer kurzen oder x-Zeitspanne glauben müssen, worum Sie wirklich bitten, denn wir erinnern uns daran, dass das Wort es sagt wir „fragen und es wird dir gegeben."

<table>
<tr><td colspan="6" align="center">KONSTRUKTION DER VZAN-KARTE IN DREI MONATEN
1/16</td></tr>
<tr><td colspan="6">Vision: Konsolidierung des Vertriebsunternehmens als nationale Kette, spezialisiert auf den Einzel- und Großhandelsverkauf einer breiten Palette von Non-Food-Produkten. Mit virtuellen Marketingkanälen ein vielfältiges Publikum erreichen und dessen Bedürfnisse befriedigen.</td></tr>
<tr><td colspan="6">Ziel: Es schaffen, 10.000 USD pro Tag in einer Stadt mit weniger als zwanzigtausend Einwohnern zu verkaufen.</td></tr>
<tr><td colspan="6">Durchzuführende Tätigkeiten:
1-Erzielen Sie einen Tagesumsatz von 10.000 USD.
2-Entwickeln Sie einen Großhandelsvertriebskanal in 32 nahe gelegenen Gemeinden
3-Beauftragen Sie 3 Lieferanten, Ihre Marken in der Region zu vertreten
4-Haben Sie 20 Kunden pro Monat mit der Tras Tras Tras-Strategie.</td></tr>
<tr><td rowspan="2">Tag</td><td colspan="4">Auszuführende Aktivitäten</td><td rowspan="2">Ja
Nachverfolgen</td></tr>
<tr><td>1</td><td>2</td><td>3</td><td>4</td></tr>
<tr><td>1</td><td>1</td><td>1</td><td>1</td><td></td><td>75 %</td></tr>
<tr><td>2</td><td>1</td><td>1</td><td></td><td>1</td><td>75 %</td></tr>
<tr><td>...</td><td>1</td><td>1</td><td></td><td></td><td>50%</td></tr>
<tr><td>88</td><td>1</td><td></td><td></td><td></td><td>25 %</td></tr>
<tr><td>89</td><td>1</td><td></td><td>1</td><td></td><td>50%</td></tr>
<tr><td>90</td><td>1</td><td></td><td>1</td><td></td><td>50%</td></tr>
<tr><td>Ja</td><td>100%</td><td>50%</td><td>30 %</td><td>50%</td><td>xx%</td></tr>
</table>

Tabelle 1 Vzan nach drei Monaten.

Wenn Sie sich in einem Zustand befinden, in dem Sie sich vollständig auf Träume konzentrieren, gibt es keinen Grund, verbittert oder traurig zu sein oder irgendwelche negativen Gefühle auszudrücken, sondern ganz im Gegenteil, da Sie immer darauf konzentriert sind, Ihre Träume oder Visionen praktisch zu verwirklichen Unternehmen, die Organisation, die sich weiterentwickeln soll, und in diesem Fall liegt der Fokus einfach auf der Arbeit, damit nach und nach die Vorstellungen dieses oder jener Ziele dessen, was erreicht werden muss, nach und nach verwirklicht werden. nach und nach .

Während Sie im Zustand der Erwartung bleiben, in diesem Zustand, in dem Sie visualisieren, was Sie wirklich wollen, ist die Energie völlig positiv, die Energie ist angenehm, die Energie strahlt auf das Arbeitsteam aus, das Sie leiten. Das ist großartig, denn jeder um Sie herum wird die Hoffnung sehen, dass Ihnen absolut klar ist, was Sie wollen und wie es sich entwickeln wird, oder dass die Schlüsselideen, die Schlüsselstrategien, um dorthin zu gelangen, nach und nach eintreffen. Im Beispiel wurde das Ziel in zwanzig Monaten erreicht. Das bedeutet nicht, dass die brillante Idee am Ende dieses Zeitraums eintraf, nein, die brillante Idee kam im dritten Monat, und als sie eintraf, begann die Umsetzung.

Die Durchführung der Aktivitäten ist ein äußerst wichtiger Teil, denn wenn es eine brillante Idee gibt, die Millionen-Dollar-Idee, aber wenn mit dieser Idee nichts gemacht wird, dann wird nichts passieren, denn der einzige Weg, das einzig wirklich Wichtige ist es ist, dass es möglich ist, die Ideen, die einem in den Sinn kommen, mit der richtigen Mentalität und Einstellung umzusetzen. Wenn an diesen Ideen im Team gearbeitet wird, muss das Arbeitsteam ihnen genügend Energie und Informationen geben, damit sie damit befähigt werden und die Idee zum Fließen bringen, als ob es ihre Aufgabe wäre, sie zu verstehen, zu verstehen, umzusetzen Es fließt. Befolgen Sie die Anweisungen Ihres Anführers.

Zuerst kamen die Ideen wie um drei Uhr morgens, völlig schlafend, ausgeruht, und ich hätte nicht gedacht, dass auf diese Weise die besten Ideen so früh am Tag eintreffen würden. Wie er sie nicht aufschrieb, er schrieb sie nicht, als er aufwachte, konnte er sich nicht erinnern, was die Idee war, mitten im Schlaf war es ein wenig schwierig, aufzustehen, um sich Notizen zu machen, um dazu in der Lage zu sein die Idee im Lichte des Tages zu analysieren. Das passierte genau dreimal, die Idee kam, ich fand sie großartig und am nächsten Tag oder einer Spur von dem, was die Idee war, beschloss ich erst, mit dem Schreiben in einem Notizbuch und meinem Handy neben mir zu beginnen Machen Sie sich entsprechende Notizen. .

Offensichtlich passierte nichts, wenn ich sie nicht zuerst aufschrieb, und wenn ich sie nicht aufschrieb, würde die Umsetzung dieser Idee schlechter ausfallen, also habe ich mit der Zeit einfach darüber nachgedacht, wie gut diese Idee war, aber das habe ich nicht getan Ich habe irgendetwas getan, und es war traurig, sehr traurig, denn ich hatte das Gefühl, dass es eine brillante Idee gewesen war, die ich nachts beim Schlafen hatte, und manche nennen es das Unterbewusstsein, aber wir Gläubigen wissen, dass es Gott ist, der damit beginnt manifestieren, und beginnt, uns die Schlüsselideen zu geben, die wir brauchen, um das zu erreichen, was wir wirklich vorgeschlagen haben. Es stimmt auch, dass Ideen jederzeit kommen können, ich habe sowohl das Schlafen als auch das Wachsein erlebt.

Denken Sie für einen Moment darüber nach, dass Sie ein Unternehmen leiten, das nicht mehr als 500 US-Dollar pro Tag verkauft, und konzentrieren Sie sich darauf, dass dieses Unternehmen 10.000 US-Dollar pro Tag bewegt, wenn Sie es nicht sind bis zu 500 USD.

Das wird man in der Wissenschaft, in Fachbüchern und in der Planung nicht finden, denn einfach „richtig" ist ein Wachstum von 5 %, 10 % von Jahr zu Jahr oder plötzlich etwas mehr als 20 % %, aber ein Wachstum wie das erreichte erfordert eine andere Art von Wissen, es ist ein exponentielles Wachstum, völlig unrealistisch. Sogar die Art, dies zu schreiben, kann, sagen wir mal, keine andere Grundlage haben als die Erzählung von etwas, das passiert ist, und es besteht nicht der geringste Zweifel, dass es, wenn es in einem anderen Kontext, in einer anderen Kultur, in einem anderen Unternehmen umgesetzt wird, umgesetzt wird Eine weitere Eigenart, es wird immer so sein, und wenn die Grundprinzipien, die in diesem Kapitel vermittelt werden, umgesetzt werden können, ist es völlig sicher, dass Sie die unglaublichsten Ergebnisse erzielen können, die Sie sich nie hätten vorstellen können, wo man am Ende sagt: „Weil Ich habe nicht größer geträumt."

Was bleibt, ist also die gute Umsetzung der Methodik, die eine einfache Methodik ist, die sie leicht komplexer machen könnte und die für den Methodologen zufriedenstellend ist, und oft füllen wir ganze Bücher, und die Komplexität der Seiten macht es aus geschrieben und dann vergessen oder nicht verwendet wird, ist es Einfachheit, wie in Tabelle 1 zu sehen ist. Ziel ist es, sich auf einen Blick auf das Wesentliche zu konzentrieren.

Die Werkzeuge, die zum Erreichen großer Ziele erforderlich sind, werden mit dem Akronym Vzan klar definiert, und der Schlüssel zu diesem Prozess ist WIEDERHOLUNG . Beachten Sie, dass am Anfang, obwohl das Ziel hoch war, mit der Zeit und der Klarheit des Zwecks der Organisation alles, worauf sie sich konzentrierten es bekommen.

Dies wurde dem Arbeitsteam täglich wiederholt, mit der Durchführung der Aktivitäten wuchsen das Vertrauen und die Sicherheit, dass es erreicht werden würde, und die Ergebnisse nach Monaten des Versuchens lieferten das erwartete Ergebnis. Diejenigen, die sahen, dass es verrückt war, als ich morgens betete, fragten voller Glauben und Dankbarkeit, denn das sind keine normalen Dinge. Es ist nicht normal, dass man, wenn man weniger als 500 US-Dollar am Tag verkauft, 10.000 US-Dollar verkaufen möchte Schnell, umso mehr, wenn man 10.000 US-Dollar erreicht, wurde das neue Ziel festgelegt, die Barriere auf 100.000 US-Dollar pro Tag anzuheben, denn eine Null macht oder trägt dazu bei und ermöglicht es einem, den Zustand der Bequemlichkeit vollständig zu verlassen und sich nicht mit weniger zufrieden zu geben, wenn man dort ist ist nur die Fähigkeit Es geht darum, sich ein Ziel zu setzen und zu beginnen, darauf hinzuarbeiten.

Eine Überlegung: Was wäre passiert, wenn ich mich darauf konzentriert hätte, 1.000 USD oder vielleicht 2.000 USD zu erreichen? Ich würde sicherlich zwischen 1.000 USD und 2.000 USD schwanken, was gut gewesen wäre, ich werde nicht nein sagen, den Break-Even-Punkt Wir haben es mit 850 US-Dollar erreicht, also war es gut, zwischen 1.000 US-Dollar und 2.000 US-Dollar zu verkaufen.

Wäre der Ansatz weniger anspruchsvoll gewesen, hätten die Ideen und die Umsetzung auch weniger anspruchsvoll in der Umsetzung sein können. Die Energie, die es übertragen hat, wäre eine andere gewesen, und hier müssen wir Unternehmern gegenüber klarstellen: Es ist ganz anders, wenn man einen Eiswagen schiebt, der auf der Straße verkauft, wenn man rausgeht, um diesen Wagen zu schieben, wenn man das im Kopf weiß Wenn Sie zum Beispiel tausend Eiswagen haben, die in verschiedenen Städten des Landes verkauft werden, ist die Einstellung anders und der Aufwand ist so groß, dass Sie es zu dem Zeitpunkt sagen möchten diese Geschichte.

Die Menschen, die Ihnen zuhören, die Menschen, die Sie sehen, die Menschen, die bereits Ihren Erfolg sehen, werden wissen wollen, was Sie getan haben, wie Sie es getan haben, manche werden nie glauben, dass Sie bei Null angefangen haben, aber die Wahrheit ist, dass in der Wenn Sie üben, wenn Sie diese Art der Planung durchführen, denn es handelt sich um eine Planung, die alle drei Monate durchgeführt wird. Vielmehr bekommen Sie eine Idee, führen sie aus und sie wird vollständig in Ihrer täglichen Arbeit verankert, und Sie machen damit weiter Die nächste Idee und die nächste Verbesserung und die nächste Verbesserung, und wenn Sie von Verbesserung zu Verbesserung gehen, wird die Zeit kommen, in der die großen Ziele, die Sie sich gesetzt haben, Wirklichkeit werden.

Aber jetzt stellen Sie sich das vor, da ist die Person, die den Eiswagen schiebt, und das einzige Ziel, das sie an diesem Tag hat, das einzige Ziel, das sie am Morgen hat, ist, etwas zum Mittagessen zu bekommen, das Ziel des Nachmittags oder plötzlich, dafür zu bezahlen öffentlicher Dienst. , dann kommt er schlecht gelaunt raus, sagt, warum mir diese Firma zugefallen ist, deshalb gibt es keine Chancen mehr, er kommt heraus und verleugnet das Leben. Er leugnet die Situationen, die ihm widerfahren, er betrachtet nicht das Gesamtbild, denn die Vision, die dieser Mensch hat, ist eine Vision, die es ihm nicht erlaubt, zu wachsen, aber wenn er es wüsste, würde er sich darauf konzentrieren, diese zu nutzen Methodik oder eine ähnliche. Eines Tages wird er in der Lage sein, ein Unternehmen mit tausend Filialen zu haben, wie stolz und glücklich und sein Selbstwertgefühl durch die Decke geht, er denkt darüber nach, weiter zu expandieren oder in ein anderes Geschäft, in eine andere Branche, Die Prinzipien sind die gleichen.

Wie das Selbstbild gestärkt wird, wie dieser Schwung ausgelöst wird, wenn dieser Mensch glaubt, dass er es wirklich erreichen wird, denn der einzige Grund, warum er es nicht erreichen wird, ist, dass er es sich nicht vorgenommen hat, weil von der Vision, die er hat.

Das Erreichen dieser großartigen Ergebnisse bedeutet also nichts anderes, als sich darauf zu konzentrieren, diese Art von Ergebnissen zu erzielen und dabei der möglichen Methodik zu folgen, und hier geht es darum, große Ziele zu erreichen.

„Er wusste nicht, dass es nicht geht, er hat es einfach getan."

Wie man eine Siegermentalität bewahrt

Die Siegermentalität entsteht dadurch, dass wir uns immer auf die Vision konzentrieren, die wir haben, und nicht auf die Last, die wir tragen. Wir müssen uns immer auf die Vision konzentrieren, auf den Traum, den wir verwirklichen wollen, und nicht auf die Arbeitsbelastung, körperliche oder geistige Erschöpfung. Wenn wir uns weiterhin darauf konzentrieren, wo wir sein wollen und was wir erreichen wollen, erhalten wir die Energie, hart und konsequent zu arbeiten, wenn unser Geist frisch ist und sich in einem positiven Gedankenkreislauf befindet.

Das ist völlig normal, da wir Menschen sind und unsere Emotionalität Rhythmen erfährt, die sich positiv oder negativ auf unsere täglichen Aktivitäten auswirken können. Mit der Zeit können sich diese Rhythmen auflösen, sodass es zum Aufschieben kommt und es zu Hindernissen kommt, die uns vom wahren Ziel abbringen. Es ist einfach zu arbeiten, wenn wir aufgeregt und konzentriert sind oder wenn in unserem Leben alles gut läuft, aber jetzt muss ich klar sein: Wir müssen uns an die Arbeit gewöhnen, egal, was um uns herum passiert.

Es wird für jeden Situationen geben, und was wir wirklich brauchen, ist, uns auf das zu konzentrieren, was wir wollen. Harte, konstante und unermüdliche Arbeit ist unerlässlich. Sie müssen einen solchen Widerstand entwickeln, dass Sie praktisch nichts zu Fall bringen kann: nicht das Scheitern einer Liebesbeziehung, nicht irgendeine Situation, die Sie durchmachen, nicht die schmerzhaften Momente, die Sie möglicherweise erleben. Um Ihre Ziele zu erreichen, ist es wichtig, angesichts von Widrigkeiten standhaft zu bleiben.

Wir können es kaum erwarten, dass alles in unserem Leben optimal verläuft, um zu handeln, etwas zu unternehmen und den Berg unserer sehnlichsten Träume zu erklimmen. Sie können es kaum erwarten, bis alles perfekt ist. Selbst in den Momenten größter

Widrigkeiten, inmitten von Schmerz und Not – wenn Sie sich in einem dieser Momente befinden, sollten Sie zunächst verstehen, dass Sie nicht der Einzige sind. Lassen Sie mich Ihnen sagen: Wenn Sie sich konzentrieren, werden Sie siegen. Lass dich nicht von Situationen stürzen.

Verbinde dich mit dir selbst und suche deine ganze Energie in den Träumen, die du erfüllen möchtest. Stellen Sie sich vor, wie Sie sich fühlen werden , wenn Sie diese Träume verwirklichen, und wie Sie selbst inmitten von Widrigkeiten lächeln werden. Ich erinnere mich zum Beispiel an den Film „Miraculous Hands", der die Geschichte von Dr. Ben Carlson, gespielt von Cuba Gooding Junior, erzählt. Obwohl er in einer schwierigen Zeit seines Lebens seine eigenen Kinder verlor, unterstreicht der Film die Einstellung, die Bereitschaft und den Einsatz des Arztes, seine Mission zu erfüllen und Widrigkeiten mutig entgegenzutreten. Einer Geburt beiwohnen.

Ich weiß nicht, ob das eine allgemeine Regel ist, aber wenn man sich entscheidet, etwas Großes zu tun, wird man auf Hindernisse stoßen. Diese Hindernisse können Sie zurückhalten oder zu Stufen werden, die Sie auf der Erfolgsleiter erklimmen, wie das Besteigen eines Berges. Wenn Sie es schaffen, jedes Problem, jede Unannehmlichkeit und jede Situation, die in Ihrem Leben auftritt, zu überwinden, haben Sie die wunderbare Welt des menschlichen Wachstums erreicht.

Wenn Sie sich von keinem Hindernis umwerfen lassen, sind Sie bereit, sich jeder Herausforderung zu stellen, die auf Sie zukommt. Jedes Mal, wenn Sie ein Hindernis überwinden, kann ein anderes auftauchen, aber wenn Sie es überwinden, bereiten Sie sich auf größere Ziele und unglaublichere Träume vor. Wenn Sie zulassen, dass das erste Hindernis oder die erste Situation Sie umwirft, deutet das darauf hin, dass Sie möglicherweise nicht bereit sind, sich größeren Herausforderungen zu stellen. Die Überwindung von Hindernissen ist eine Entscheidung, und die Entscheidung, die Sie treffen müssen, besteht darin, voranzukommen, voranzukommen und alles zu festigen, was Sie wollen und besitzen.

Auf dem Weg dorthin wird es Menschen geben, die von Anfang an an unserer Seite stehen, andere, die auf unserem Weg auftauchen, wenn wir bereits dabei sind, das zu bauen, was wir wollen, und es wird auch Menschen geben, die wir noch nicht einmal kennen. Einige werden an uns glauben, während andere, die uns nahe stehen, vielleicht zweifeln. Entscheidend ist jedoch nicht, dass sie an dich glauben, sondern dass du an dich selbst glaubst. Konzentrieren Sie sich auf das, was Sie wirklich erreichen können, und überzeugen Sie sich selbst davon, was Sie sind und was Sie haben. Also machen Sie weiter und lassen Sie sich durch nichts entmutigen.

Handeln heilt die Angst, Untätigkeit nährt die lähmende Angst, die es uns nicht erlaubt, voranzukommen. Anstatt still zu bleiben, handeln Sie, wenn das Unglück Sie heimsucht, wissen Sie, dass es nur eine Prüfung ist, die Sie auch bestehen werden. Überprüfen Sie Ihre Träume und beten Sie zu Gott, dass Ihnen alles möglich sein wird.

Wie man sich verbessert

Auf jeden Fall ist das eine wertvolle Perspektive. Die Idee, dass alles, was gemessen wird, verbessert werden kann, spiegelt die Essenz der kontinuierlichen Weiterentwicklung wider. Als Zivilisation hat sich gezeigt, dass wir ständig in der Lage sind, die Art und Weise zu verbessern, wie wir unsere Aufgaben erfüllen und wie wir Herausforderungen angehen. Messung und Bewertung sind wesentliche Werkzeuge für diesen kontinuierlichen Verbesserungsprozess.

Vision

Wie kann man das Sehvermögen verbessern? Wie lässt sich die Vision transzendieren? Wie lässt sich die aktuelle Vision des Unternehmens spannend und anregend gestalten und so weiteres Wachstum und ständige Weiterentwicklung des Unternehmens fördern? Die zentrale Frage ist, wie man diese Vision absolut klar zum Ausdruck bringen kann, sodass jeder, der in Ihrem Umfeld arbeitet, die positive Energie spürt, zu etwas Großartigem beizutragen.

Der Schlüssel liegt darin, an etwas Großem und Innovativem zu arbeiten. Es ist notwendig, von der Vision so überzeugt zu sein, dass sie sich beim Teilen mit dem Team als Teil von etwas Bedeutsamem und Transzendentalem fühlen. Ein grundlegendes Geheimnis menschlicher Beziehungen besteht darin, dass wir alle nach Anerkennung streben.

Es stellt sich also die Frage: Was ist besser? Ich habe ihnen gesagt: Im mittleren Management eines großen multinationalen Unternehmens arbeiten oder unter der Führung von jemandem zusammenarbeiten, der bereit ist, die großen Ligen zu erreichen? Alle antworten begeistert: „Klar, wir wollen in die großen Ligen." Denn letztendlich kommt es darauf an, zu lernen, wie wir unser Team inspirieren können.

Wenn Sie Personal einstellen, erwerben Sie nicht nur Arbeitskraft, sondern auch den Intellekt und die Emotionalität jedes Einzelnen. Letzteres stellt in der Tat die faszinierendste Hebelwirkungsressource dar, die es gibt, insbesondere wenn es um die Entwicklung der Fähigkeiten und des Potenzials von Mitarbeitern geht. Es ist die emotionale Sphäre der Mitarbeiter, in der wirklich fantastische Ergebnisse freigesetzt werden.

Um ein außergewöhnliches Team aufzubauen, ist es wichtig zu lernen, mit den individuellen Fähigkeiten zu arbeiten und zuvor die Vision zu verfeinern und zu klären. Es ist entscheidend, dass jedes Teammitglied in einen bestimmten Zweck integriert wird, der über die einzelnen Teile hinausgeht und so eine viel größere Wirkung erzeugt.

Die Vision, die von dem Unternehmen oder der Aktivität, an der man beteiligt ist, projiziert wird, muss ansteckend sein. Die Mitarbeiter sollten sich außerordentlich glücklich und geehrt fühlen, weil sie das Privileg hatten, Sie kennenzulernen und mit Ihnen zusammenzuarbeiten, da sie sich als einen der herausragendsten Geschäftsleute betrachten. Niemand strebt danach, mit den ganz Unten zusammenzuarbeiten, denn diejenigen, die das tun, warten einfach auf die Gelegenheit, zu einem anderen Unternehmen zu wechseln. Selbst die Top-Talente auf dem Markt werden angezogen, wenn der Fokus auf einer kristallklaren Vision liegt.

Eine diesbezügliche Übungsempfehlung wäre, die Biografien prominenter Fachleute auf demselben Gebiet zu konsultieren. Wenn Sie beispielsweise Arzt sind, erkunden Sie die Biografien renommierter Ärzte. Wenn Sie Ingenieur sind, tauchen Sie ein in die Erfahrungen herausragender Ingenieure. Und wenn Sie Anwalt sind, erfahren Sie mehr über die führenden Unternehmen im Rechtsbereich. In jedem Beruf gibt es eine „große Liga" oder „Champions", in der man konkurrieren kann. In jedem Bereich gibt es Top-Wettbewerbe und Konkurrenten, und es ist wichtig, herauszufinden, wer diese Spitzenreiter in Ihrer Liga sind, um Inspiration und Orientierung zu erhalten.

Es ist wichtig, herauszufinden, wer in Ihrem Berufsfeld derzeit an der Spitze steht, und die Gründe für deren Relevanz zu verstehen. Untersuchen Sie ihre Erfolge, richtigen und falschen Entscheidungen sowie ihren Trainingsprozess. Im Handel beispielsweise kann das Treffen mit namhaften Persönlichkeiten wie Sam Walton von Walmart eine wertvolle Inspirationsquelle sein.

Wenn Sie sich bereits mit einem Fachgebiet befasst haben und feststellen, dass es nicht Ihre beste Option ist, zögern Sie nicht, nach anderen Alternativen und Möglichkeiten zu suchen. Biografien bieten eine hervorragende Informationsquelle, um Ihren Blick zu schärfen, indem sie ein tieferes Verständnis für den Weg vermitteln, den diejenigen eingeschlagen haben, die in Ihrem Interessengebiet die Spitze erreicht haben.

Der Satz **„AUF DEN SCHULTERN DER RIESEN"** ist wirklich kraftvoll. Es wird Isaac Newton zugeschrieben und verkörpert die Anerkennung der größten Köpfe, die Ihrem Fachgebiet vorausgegangen sind. Dieser Ausdruck symbolisiert die Idee, dass unser Wissen und unsere

Erfolge auf den Beiträgen und soliden Grundlagen basieren, die von denen gelegt wurden, die vor uns kamen. Durch die Anerkennung der Größe derer, die vor uns waren, wird hervorgehoben, wie wichtig es ist, aus den Erfahrungen und Erfolgen derer zu lernen, die den Weg geebnet haben, und so zu ermöglichen, dass Wissen und Fortschritt weiter wachsen. Es ist eine Erinnerung an die intellektuelle Verantwortung und den Respekt gegenüber denen, die in der Disziplin, die wir verfolgen, ein Vermächtnis hinterlassen haben.

Das Studium der Arbeit großer Köpfe in einem bestimmten Bereich ist von entscheidender Bedeutung, um ihre Beiträge zu verstehen, herauszufinden, wo derzeit die Grenzen des Wissens liegen und um zu bestimmen, wie der nächste Quantensprung gelingen kann. Die Analyse ihrer Erfolge gibt Aufschluss über die Innovationen und Entdeckungen, die sie gemacht haben. Durch das Verständnis der Wissensentwicklung in diesem Bereich können Möglichkeiten identifiziert werden, einen wesentlichen Beitrag zu leisten.

Ziel ist es, bestehende Grenzen zu überwinden und neue Grenzen zu erschließen. Bei diesem Ansatz geht es nicht nur darum, aktuelles Wissen aufzunehmen, sondern es auch zu hinterfragen, unerforschte Bereiche zu erkunden und unerwartete Zusammenhänge zu suchen. Auf diese Weise kann eine einzigartige und tiefgreifende Vision im bevorzugten Bereich entwickelt und ein Weg nach vorne aufgezeigt werden, der nicht nur auf dem Bekannten aufbaut, sondern auch Innovation und Fortschritt anstrebt. Dieser Lern- und Reflexionsprozess ist von wesentlicher Bedeutung für diejenigen, die einen sinnvollen und kreativen Beitrag zu ihrem jeweiligen Fachgebiet leisten möchten.

Als Beispiel: Das Kind, das Fußballspieler werden möchte, ist sehr relevant. Im Bereich Fußball bieten die Biografien der besten Spieler eine reichhaltige Lernquelle. Durch das Studium der Erfahrungen der Top-10-Fußballer kann der Nachwuchs wertvolle Erkenntnisse über Disziplin, Engagement und die Herausforderungen gewinnen, mit denen er in seiner frühen Karriere konfrontiert war.

Diese Biografien geben nicht nur Einblick in die Taktiken und technischen Fähigkeiten, die sie entwickelt haben, sondern auch in die Denkweise und Herangehensweise, die sie schon in jungen Jahren angenommen haben. Junge Menschen können lernen, wie wichtig harte Arbeit, die Überwindung von Hindernissen und Ausdauer bei der Verfolgung ihrer Ziele sind.

Kurz gesagt, das Studium der Biografien großer Fußballer inspiriert nicht nur, sondern bietet auch praktische Anleitungen für die Entwicklung von Fähigkeiten und den Aufbau einer Siegermentalität schon in jungen Jahren. Dieses geteilte Wissen kann eine wertvolle Motivations- und Orientierungsquelle für angehende Fußballer sein.

Die Entwicklung einer Geschäftsvision ist ein grundlegender Prozess für langfristigen Erfolg. Benchmarking ist in diesem Zusammenhang zweifellos ein wertvolles Instrument. Es gibt zwei spezifische Arten von Benchmarking, die wesentlich zur Visionsbildung beitragen können: Wettbewerbs-Benchmarking und generisches Benchmarking.

Wettbewerbs-Benchmarking: Dabei geht es um die Untersuchung und Analyse der Praktiken und Ergebnisse direkt konkurrierender Unternehmen im gleichen Sektor oder der gleichen Branche. Es ermöglicht Ihnen, die Stärken und Schwächen der Wettbewerber zu erkennen, Markttrends zu verstehen und Verbesserungsmöglichkeiten zu entdecken . Dieser Ansatz hilft dem Unternehmen, sich strategisch zu positionieren und vom Wettbewerb abzuheben.

Generisches Benchmarking: Konzentriert sich auf den Vergleich interner Prozesse und Praktiken mit Unternehmen in anderen Branchen, die in bestimmten Bereichen Best Practices aufweisen. Erleichtert die Identifizierung von Bereichen für interne Verbesserungen und fördert Effizienz und Innovation. Durch die Einführung von Best Practices kann das Unternehmen seine Prozesse an seinen strategischen Zielen ausrichten und so zur langfristigen Vision beitragen.

Beide Benchmarking-Ansätze sind für die Entwicklung einer Geschäftsvision wertvoll. Indem ein Unternehmen von der Konkurrenz lernt und die effektivsten Praktiken intern bewertet, kann es seinen strategischen und operativen Ansatz anpassen, um eine klarere Vision zu erreichen, die auf seine langfristigen Ziele abgestimmt ist.

Bei einem renommierten Chirurgen geht es beispielsweise darum, die Besten auf seinem Gebiet zu finden und alle Ergebnisse zu vergleichen. Die unterschiedlichen Vorgehensweisen können zu gegenseitigen Verbesserungen führen. Durch die Analyse Ihrer Studien, Prozesse und Verfahren sowie der Herausforderungen, mit denen Sie konfrontiert waren, erhalten Sie eine Roadmap, die aufzeigt, welche Aspekte verbessert werden können, um ein hohes Maß an Exzellenz zu erreichen. Der Arzt kann mit Boeing,

Google, Amazon oder Apple verglichen werden. Die Zusammenarbeit mit einem großartigen Unternehmen kann Ihr Unternehmen oder Ihren Beruf auf ein neues Niveau katapultieren.

An welches Vermächtnis möchten Sie gerne erinnert werden? Diese im Seminarkontext gestellte Frage trägt dazu bei, dass die Vision den Eindruck von Transzendenz erhält.

Wenn Sie in einem Unternehmen oder einer Branche tätig sind, ist der Prozess genau derselbe: der Vergleich, die Definition, wohin Sie wollen, und der Beginn der Verfeinerung der Idee. Es ist entscheidend, die Vision mit absoluter Klarheit festzulegen und zu beschreiben. Gleichzeitig ist es wichtig, das Team und die Menschen um Sie herum, die an Sie glauben und Sie täglich beobachten, davon zu überzeugen, dass Sie der ideale Anführer sind, um sie in einer bestimmten Zeit von A nach B zu bringen der Zeit. sicher. Dieser gegebene Zeitraum wird zum Zeitfenster, in dem das Unternehmen, der Betrieb oder der Berufsstand etwas wirklich Großes, etwas wirklich Bedeutendes erreichen kann.

Ich hatte die Gelegenheit, sowohl mit Fachleuten als auch mit Menschen zusammenzuarbeiten, die es nicht sind. Aus meiner Erfahrung kann ich bestätigen, dass, wenn eine Führungskraft absolute Klarheit über die Richtung hat, die sie einschlägt, die Mitarbeiter um sie herum beginnen, auf äußerst interessante Weise zu arbeiten und hervorragende Ergebnisse zu erzielen. Dieses Phänomen ist erstaunlich, da es den gesamten Transformationsprozess eines Individuums ermöglicht, sein maximales Potenzial auszuschöpfen. Es erleichtert das persönliche Wachstum, die Erweiterung und die kontinuierliche Entwicklung und ermutigt jeden Menschen, sein Selbstwertgefühl und sein Selbstbild zu verbessern. Das bedeutet ein Team, das sich ständig weiterbildet, Ideen zur Vereinfachung von Aufgaben einbringt und die Effizienz auf überraschende Weise steigert. Jeder wird ein integraler Bestandteil der Vision und trägt zu einem proaktiven und kollaborativen Arbeitsumfeld bei.

Denken Sie daran, dass jeder an der Seite des Gewinners stehen möchte. Niemand strebt danach, Teil des letzten Unternehmens auf der Liste zu sein, sondern eher das erste oder dasjenige, das es sein möchte. Tief im Inneren möchte jeder Mensch Teil von etwas Großartigem sein. Manchmal sind wir bereits Teil eines renommierten Unternehmens, aber bei anderen Gelegenheiten müssen wir einsteigen und mit Hingabe arbeiten und dazu beitragen, dass die Vision des Unternehmens, mit dem wir zusammenarbeiten, Großes erreicht. Es geht darum, sich anzustrengen und die Mitarbeiter um uns herum anzustecken, damit auch sie zum Wachstum und zur Größe des Unternehmens beitragen.

Mit diesen Ideen können Sie erkennen, in welche Richtung das Unternehmen oder der Beruf gehen soll. Was ist der nächste Schritt? Dabei kann es sich um eine Markterweiterung, größere Produktinnovationen, die Suche nach neuen und besseren Lieferanten oder sogar um die Erkundung eines neuen Geschäftszweigs handeln. Der Schlüssel liegt darin, die sich bietenden Chancen und Herausforderungen sorgfältig zu bewerten und strategische Entscheidungen zu treffen, die mit der Vision und den Wachstumszielen übereinstimmen, die Sie sich selbst gesetzt haben. Dieser Prozess erfordert eine umfassende Analyse und detaillierte Planung, um eine erfolgreiche Durchführung der nächsten Entwicklungsphase sicherzustellen.

Was ist abschließend Ihre Vision? Was ist das Vermächtnis?

Ziele

Ziele werden mit Erfahrung und Zeit perfektioniert. Wenn wir lernen, uns hohe Ziele zu setzen, beginnen unser Wesen und unser gesamtes inneres Potenzial im Einklang mit diesen Bestrebungen zu arbeiten. Wenn Ziele niedrig und unbedeutend sind, fehlt uns die Energie und der Antrieb, sie zu erreichen.

Im Allgemeinen möchten wir, dass unsere Ziele realistisch sind. Dieses Buch legt jedoch etwas anderes nahe: dass Ziele völlig unrealistisch, fast unmöglich sein müssen. Ein beliebtes Sprichwort besagt: Wir müssen darauf abzielen, dass der Mond den Berg erreicht. Die Wahrheit ist, dass wir es nur erreichen können, wenn wir uns darauf konzentrieren, das zu erreichen, was unerreichbar erscheint, und es mit Entschlossenheit verfolgen. Indem man sich dem Schwierigen zuwendet, wird das, was realistisch erscheint, leicht zu erreichen. Wenn wir uns Ziele setzen, die den meisten unmöglich erscheinen, und sie trotzdem erreichen, erleben wir etwas Wunderbares: Wir beginnen, als Menschen zu wachsen.

Ziele müssen unrealistischer Natur sein und müssen kontinuierlich angepasst werden. Wenn wir ein Ziel erreichen, ist es entscheidend, das nächste zu setzen. In dem Beispiel, das wir im gesamten Buch untersucht haben, hätte das erste Ziel 1.000 USD, 2.000 USD oder

3.000 USD betragen können, aber letztendlich wurde es auf 10.000 USD festgelegt. Als wir uns dieser Zahl näherten, wurde das unrealistische Ziel sofort auf 100.000 USD erhöht. Überraschenderweise konzentrierten sich die Ideen zur Durchführung dieser Aktivitäten auf einen Umsatz von 100.000 USD pro Tag. Ich habe sogar herausgefunden, wie ich an einem Tag 32.000 USD verdienen kann.

Das bedeutet, dass, wenn unsere Lebensziele bescheiden sind, auch die Ideen, die unser Geist, das menschliche Gehirn, erzeugt, begrenzt und für kleine Dinge bestimmt sind. Es macht für den Verstand keinen Sinn, auf die Idee zu kommen, täglich 100.000 US-Dollar zu verkaufen, wenn das eigentliche Ziel 1.000 US-Dollar sind. Was die Zeit angeht, haben wir alle die gleichen 24 Stunden am Tag, wobei wir die meisten acht Stunden damit verbringen, uns auszuruhen und sechzehn Stunden für unsere täglichen Aktivitäten zur Verfügung zu haben.

Der Unterschied in den Ergebnissen zwischen Menschen liegt in der Höhe der Ziele, die sie sich setzen. Daher ist es wichtig zu lernen, sich von Anfang an völlig unrealistische Ziele zu setzen, trotz der weit verbreiteten Vorstellung, dass Ziele realistisch sein sollten. Nur durch das Übertreffen scheinbar unerreichbarer Ziele erlangt man die Autorität zu sagen: „Wenn ich es könnte, kannst du es auch." Es ist wichtig zu verstehen, dass das Erreichen eines unrealistischen Ziels Zeit braucht. Diesen Aspekt der Zeit habe ich in diesem Text hervorgehoben, und wenn es dreimal so lange gedauert hätte, hätte es sich trotzdem gelohnt.

Auszuführende Aktivitäten

Bei den durchzuführenden Tätigkeiten handelt es sich um Ideen, die im Alltag entstehen können. Die anfänglichen Ideen, die Sie möglicherweise haben, um Ihre Ziele zu erreichen, werden sich im Laufe der Zeit weiterentwickeln und verbessern. Während des anfänglichen Ideenfindungsprozesses ist es möglich, dass in nur acht Tagen oder noch kürzerer Zeit, in der Monatsmitte oder in zwei Monaten, die zur Erreichung Ihrer Ziele erforderlichen Aktivitäten Änderungen erfahren oder bestimmte Aspekte abgeschlossen werden. Im weiteren Verlauf generieren Sie neue Ideen in der Reihe der zu entwickelnden Aktivitäten, und jede einzelne davon wird umgesetzt. Wenn Sie Teams bilden, um diese umzusetzen, können Sie menschliche Talente bündeln, ohne dass Sie ständig anwesend sein müssen. Durch die Bildung von Gruppen, die sich an bestimmten Zielen orientieren, reagiert jedes Team auf ein festgelegtes Ziel. Es entstehen Strategien und Ideen zur Umsetzung, und wenn Sie sie in die Praxis umsetzen, perfektionieren Sie die neuen Ideen.

Eines der Geheimnisse, die ich entdeckte und verstand, war die Kraft des Gebets zu Gott. Anfangs ließen die entstandenen Ideen kein ausreichendes Wachstum zu, doch im Laufe der Zeit kamen großartige Ideen auf, hauptsächlich nachts, sehr spät. Diese Ideen waren es, die die große Veränderung herbeiführten. Anfangs hätte ich mich ausgebrannt, als ich versucht hätte, auf all die Ideen zu kommen, die ich schließlich umsetzte. Aus eigener Erfahrung weiß ich, dass diese Ideen kommen werden. Das einzig Entscheidende, was den größten Unterschied im Prozess ausmachte, war die absolute Klarheit über meine Richtung und das, was ich tun musste. Der Traum bzw. die Vision bestand darin, ein

Unternehmen mit nationaler Präsenz zu gründen. Das erste Ziel, das ich mir gesetzt habe, war jedoch, 10.000 USD pro Tag zu verkaufen, ein ehrgeiziges Ziel. Er wusste, wenn er diese Menge in einer Stadt mit weniger als zwanzigtausend Einwohnern verkaufen könnte, wäre er zu Großem bestimmt. Setzen Sie sich große Ziele im Kopf. Wenn man sie erreicht, fragt man sich, warum man sich nicht auf den Weg zu etwas noch Größerem gemacht hat, und genau darum geht es.

Stellen Sie sich für einen Moment vor, dass Ihnen all die großartigen Ideen auf einmal kommen würden, wie schwierig und überwältigend es für sie wäre, sie alle gleichzeitig umzusetzen, die Ressourcen und die Fähigkeit, sie umzusetzen, wären sehr überwältigend, was sogar zu Generierung führen könnte ein Verlassen der Absicht. Daher erreichen die Ideen, wenn sie im Laufe der Zeit umgesetzt und perfektioniert werden, allmählich das Maß dessen, was Sie brauchen, dieses Maß an Perfektion. Ich weiß nicht genau, wie es ist, aber ich habe gesehen, dass es funktioniert. Am ersten Tag kamen nicht alle Ideen an, und am zwanzigsten Tag auch nicht. Während des gesamten Zeitraums trafen die besten Erkenntnisse ein, die funktionierten.

Es werden also Ideen kommen, sie werden fließen, und die richtige Umsetzung jeder einzelnen davon ist entscheidend. Es reicht nicht aus, dem Arbeitsteam einfach zu sagen, was es tun soll; Es ist notwendig, mit gutem Beispiel voranzugehen, zu inspirieren und zu zeigen, dass die Idee funktioniert. Selbst wenn Sie dem Team die Idee erklären, kann es sein, dass es sie manchmal nicht vollständig versteht. Daher ist es wichtig, ständig zu überwachen: Wie läuft es? Was halten Sie von der Idee? Führen sie es aus? Welche Herausforderungen sind aufgetreten? Angesichts dieser aufkommenden Probleme ist es wichtig, sofort Lösungen bereitzustellen. Alles muss nach und nach fließen und sich festigen, um die großartigen Ideen zu verwirklichen, nach denen Sie wirklich suchen.

Nehmen Sie sich jetzt die Zeit. Oft unterschätzen wir die Arbeit, die in 20 Monaten erledigt werden kann, und überschätzen, was in einer Woche oder einem Monat erreicht werden kann. Wenn man über hohe Ziele spricht, kommt es häufig zu Fehlinterpretationen, weil man denkt, dass sie in kurzer Zeit erreicht werden können. Ich möchte es ganz klar sagen: Ehrgeizige Ziele brauchen viel Zeit, um sich zu entwickeln. Um hohe Ziele zu setzen, müssen Sie eine Reihe vielfältiger Ideen generieren, die ein vielfältiges Handeln ermöglichen. Bei diesem Prozess geht es darum, alle Fronten anzugreifen und zu bewerten, welche Idee die beste ist. Es ist von entscheidender Bedeutung, herauszufinden, wer in Ihrem Team die Aufgabe am effektivsten umsetzen kann. Dieses Urteilsvermögen ist der Schlüssel zur Umsetzung und Verwirklichung dieser ehrgeizigen Ziele.

Nachverfolgen

Sicherlich können Sie das vollständige VZAN-Modell schreiben. Wenn Sie damit fertig sind, werden Sie sich sagen: „Ich habe es geschafft!" und Sie werden ein Gefühl der Zufriedenheit verspüren. Sie werden Freude daran haben, eine klare, kurze, verständliche und beherrschbare mentale Landkarte zu haben. Die Ideen fließen. Bis zu diesem Zeitpunkt hätte das Ganze eine akademische Übung sein können, und Sie hätten bei Ihrer ersten Dreimonatsplanung eine perfekte Note in einer Tabelle erzielen können. Man hätte die Planung sogar auf ein ganzes Jahr ausdehnen können, obwohl ich das nicht empfehle. Es ist notwendig, Ihrem Geist, Ihrem Arbeitsteam und Ihrer Verbindung zu Gott Zeit zu widmen, damit Sie die besten Ideen entwickeln können. Die Nachbereitung der Ideen, die Sie bereits hatten, ist entscheidend, um täglich Feedback zu geben. Sie wollten an einem Tag 10.000 USD verkaufen, und was ist heute passiert? Sie haben 400 $ verkauft. Nun, lasst uns mit der nächsten Idee und Strategie weitermachen, ohne demoralisiert zu werden und negative Gedanken zu vermeiden. Ständiges Feedback ist für den anhaltenden Erfolg unerlässlich.

Negative Gedanken sind schädlich und treten oft dann auf, wenn Sie sie am wenigsten erwarten. Es ist traurig, aber es ist die Realität: Negative Gedanken können großartige Ideen in riesige Regale verwandeln, die wir nicht einmal sehen können, und in die Friedhöfe der Ideen von Männern verbannt werden, die in verschiedenen Bereichen möglicherweise großartig waren. Viele von ihnen hatten keinen Zugang zu einer Methodik wie der, die der Leser in diesem Moment untersucht, einer Methodik, die ihnen die Gewissheit und Sicherheit gibt, dass sie, wenn sie sich konzentrieren und entschlossen sind, in der Lage sein werden, Erfolg zu haben.

Daher kommt es im Moment darauf an, genau zu bestimmen und zu verfolgen, was jeden Tag und jede Woche passiert ist. Wer wird durch die Idee stärker? Wer im Team engagiert sich für die Idee? Wie kann ich die Idee, die bereits in der Praxis ist, verbessern? Bringt Idee 4 die erwarteten Ergebnisse oder übertrifft sie sogar die Erwartungen? Wie kann man nun dieses neue Wissen nutzen, um die anderen Ideen zu perfektionieren? Außerdem ist es wichtig, die für jede Idee erforderlichen Ressourcen zu identifizieren, da jede einzelne eine Aktivität darstellt, die ausgeführt werden muss. Oft kann man eine großartige Idee haben, sie aber nicht umsetzen, und dann wird die Chance vertan. Der Schlüssel zum Erfolg in diesem Job ist, wenn Sie mich fragen, was am wichtigsten ist, die tägliche Nachverfolgung. Nehmen Sie sich jeden Morgen einen Moment Zeit, um Ihre Vision, Ziele, durchzuführenden Aktivitäten und die erzielten Ergebnisse zu überprüfen. Es geht nicht nur darum, es zu tun, sondern auch darum, sicherzustellen, dass die erzielten Ergebnisse den Erwartungen entsprechen. Wenn Ihnen dies gelingt, sind Sie auf dem richtigen Weg zum angestrebten Erfolg.

Lernen Sie auch zu delegieren. Beziehen Sie Ihr Team in den gesamten Prozess ein, damit es die Überwachung verstehen und mitmachen kann. Es vermittelt die Methodik, damit sie ihr eigenes Monitoring durchführen und lernen können, es untereinander durchzuführen. Fragen Sie Ihr Team: „Wie läuft Strategie Nummer eins?" oder „Wie ist Strategie Nummer zwei gelaufen?" Entdecken Sie ihre Erfahrungen und Herausforderungen. Es fördert das Feedback zwischen ihnen und erstellt ein Wörterbuch mit Einwänden, um die verschiedenen Gründe zu verwalten, warum Kunden ein Produkt möglicherweise ablehnen. Dieses Wörterbuch ist das Protokoll, das Organisationswissen und die Weisheit, die Ihr Team sammelt, um verschiedene Strategien zu bewältigen. Wenn Sie in die ständige Schulung Ihres Teams investieren, um seine Strategien zu verbessern, entsteht ein konsolidiertes Team, das bereit und willens ist, zukünftige Ziele und Strategien in Angriff zu nehmen.

Abschließend sollte es hervorgehoben und fett gedruckt werden, da dies das Wichtigste ist: **FOLLOW-UP** . Ohne

Nachbereitung bleibt alles nichts weiter als eine akademische Übung, ein Job, in den man Zeit, einen Tag, eine Stunde investiert hat; Du hast auf einem leeren Blatt Papier etwas Schönes geschaffen, aber wenn du es nicht jeden Tag weiter machst, wenn du nicht täglich darüber nachdenkst und wenn du nicht mit Dank und Glauben zu Gott betest und ihn darum bittest Wenn wir Ihnen helfen, Sie segnen, Sie erleuchten, Ihnen die Weisheit und Intelligenz geben, diese Ideen in die Tat umzusetzen, kann das Ergebnis einfach ein anderes sein.

Überwinden Sie Hindernisse und Herausforderungen

Generell gilt: Wenn Menschen sich große Herausforderungen und Ziele setzen, werden sie immer auf Hindernisse stoßen. Der beste Weg, diese Hindernisse anzugehen, besteht darin, zu verstehen, dass sie für alle da sind und es immer Herausforderungen geben wird. Hindernisse können mit einer Reihe aufsteigender Stufen verglichen werden. Jedes überwundene Hindernis, jede gemeisterte Herausforderung ermöglicht nicht nur einen Fortschritt, sondern trägt auch zum Wachstum des Selbstwertgefühls, des Selbstbildes und der Glaubwürdigkeit bei sich selbst bei. Auf diese Weise treibt Sie jede Verbesserung dazu an, weiter zu wachsen.

Henry Ford: Bei der Einführung der Massenproduktion von Automobilen stand er vor technologischen und finanziellen Herausforderungen; Steve Jobs: Widrigkeiten und frühe Misserfolge überwunden, um Apple zu einem der weltweit führenden

Technologieunternehmen zu machen; Elon Musk: Hat sich zahlreichen Herausforderungen gestellt, die Unternehmen wie Tesla und SpaceX anführten, von Produktionsproblemen bis hin zu technologischen Herausforderungen bei der Weltraumforschung; Jeff Bezos: Amazon von Grund auf aufgebaut, finanzielle und betriebliche Herausforderungen gemeistert, um es zu dem E-Commerce-Riesen zu machen, der es heute ist; Walt Disney: Hatte zahlreiche Misserfolge und finanzielle Schwierigkeiten zu bewältigen, bevor er das Unterhaltungsimperium gründete, das seinen Namen trägt.

Hindernisse zu definieren bedeutet zu erkennen, dass wir alle irgendwann in unserem Leben vor ständigen Herausforderungen stehen werden. Der Schlüssel liegt darin, sie auf unserer Route zu überwinden. Es ist wie ein Hochgeschwindigkeitszug, der auf seinem Weg auf Steine trifft; Wenn die Stärke und Kraft der Kohle, die Ihren Schornstein speist, ausreicht, wird das Hindernis einfach überwunden. Wenn der Traum und die Vision Ihres Unternehmens klar sind, gibt es technisch gesehen keine Hindernisse. Vielmehr sind sie Chancen für Verbesserung und Wachstum, Lehrer des Schicksals, die uns neue Fähigkeiten und Fertigkeiten beibringen, die wir entwickeln müssen. Wenn wir Hindernisse positiv betrachten, können wir sie als Verbündete für unser Wachstum sehen. Wir sollten ein Hindernis niemals als das Ende des Weges betrachten; Vielmehr sind sie dazu da, uns zum Wachstum anzutreiben. Niemand kann von Hindernissen oder Herausforderungen verschont bleiben. Daher ist es wichtig, emotionale Intelligenz zu entwickeln, um sie zu überleben.

In der Geschäftswelt wird es finanzielle, vertriebliche, produktionstechnische, rechtliche und viele weitere

Hindernisse geben. Die Liste möglicher Hindernisse ist endlos, aber indem wir sie als Wachstumschancen für uns und unser Team betrachten, wird jede Herausforderung zu einer Chance für das Wissen des Unternehmens, zu wachsen und die Türen zu großartigen Ergebnissen zu öffnen. Wenn Ihr Lebenszweck also darin besteht, zu wachsen, willkommen in der faszinierenden Welt der Überwindung von Hindernissen!

Wenn Sie sich die Szene der größten Unternehmen der Welt oder sogar der Fachleute ansehen, die in ihren Bereichen die höchsten Gipfel erreicht haben, werden Sie feststellen, dass der einzige Unterschied zwischen ihnen in der Anzahl der Hindernisse besteht, mit denen sie konfrontiert wurden. Hindernisse sind Rennen, die dazu dienen, Ihren Charakter zu verbessern und Ihre Fähigkeiten sowie die Fähigkeiten und den Charakter Ihres Teams zu verbessern.

Kultivieren Sie positive und produktive Gewohnheiten

In dieser Methodik ist die tägliche Gewohnheit zu beten, die tägliche Gewohnheit, die Pläne und Visionen, die wir haben, zu überprüfen, und die tägliche Gewohnheit, die Mission oder das Ziel zu wiederholen, die ich erfüllen muss. Dieses Ziel wird zu einer Obsession, wenn man jeden Tag darüber nachdenkt und den Geist und das Team darauf konzentriert, es zu erreichen und zu übertreffen. Es nützt nichts, wenn wir uns nicht ein Ziel setzen und erst nach Ablauf von 6 Monaten noch einmal darüber nachdenken. Bei dieser Methodik besteht die Idee darin, das Ziel täglich zu überprüfen, um ihm immer näher zu kommen, wobei man sich daran erinnert, dass Träume und Geschäftsvisionen erreicht werden, indem man tiefer in die täglichen Ziele einsteigt.

Bei dieser Methodik werden vier Mikrozyklen pro Jahr generiert, was zu sechzehn Mikrozyklen in vier Jahren führt. Diese Fülle an Plänen und ausgeführten Aktivitäten kann es ermöglichen, durch kontinuierliche, beharrliche Arbeit ohne Aufgeben großartige Ergebnisse zu erzielen. Obwohl sich die durchzuführenden Aktivitäten im Laufe der Zeit ändern können, müssen die Ziele konstant bleiben. Das Ziel muss ein genaues Datum haben, an dem es erreicht werden muss, und wenn man davon besessen ist und ständig darüber nachdenkt, sogar vor dem Schlafengehen, können spektakuläre Ideen entstehen, die es zu erreichen gilt.

Dabei ist es wichtig, das einmal erreichte Ziel zu ändern, um Selbstzufriedenheit zu vermeiden und weiter voranzukommen. Die Methodik basiert darauf, von Punkt A nach Punkt B zu gelangen, positive Gewohnheiten zu pflegen und zu verbreiten, wie zum Beispiel die tägliche Überwachung Ihrer Fortschritte. Wenn Sie Ihre Ziele und Ihr Visionsblatt täglich aufzeichnen und überprüfen, erhalten Sie einen mentalen Rahmen, der Ihnen gefällt und der Sie daran erinnert, wohin Sie wollen. Der Glaube an sich selbst und das Vertrauen in Gott sind der Schlüssel zur Aufrechterhaltung der Energie und des Glaubens, dass Sie das erreichen werden, was Sie sich vorgenommen haben. Die Methodik zielt darauf ab, positive Gewohnheiten zu etablieren, die es Ihnen ermöglichen, das, was Sie vorschlagen, aufzubauen und aufzubauen.

Beziehungen und Unterstützungsnetzwerke

Es ist äußerst wichtig, während Ihrer Reise Beziehungen aufzubauen und Netzwerke zu unterstützen. Dabei werden Sie erkennen, dass Kontakte unerlässlich sind, um Kunden, Lieferanten und neue Möglichkeiten zu erreichen. Die Menschen, die Sie kennen, können zu Treibern und Förderern Ihres Unternehmens werden. Damit sie zu echten Unterstützungsnetzwerken werden, die Ihnen bei der Konsolidierung Ihres Unternehmens und Projekts helfen, ist es von entscheidender Bedeutung, dass Sie lernen, eine positive Verbindung zu ihnen aufzubauen und einen guten Eindruck zu hinterlassen.

Sie bringen ihr Wissen und ihre Erfahrung ein. Wenn Sie beispielsweise die Gelegenheit haben, mit einem erfolgreichen Unternehmer zu sprechen und ihm Ihr Projekt vorzustellen, kann er Ihnen in wenigen Worten die Beratung geben, die Sie brauchen. Manchmal brauchen wir nur ein Wort der Ermutigung oder der Weisheit, um Hindernisse zu überwinden und schneller zu wachsen. Wir leben in einer vernetzten Welt, in der sich täglich unendliche Intelligenz entwickelt. Die Zusammenarbeit mit brillanten Köpfen führt zu unglaublichen Veränderungen in der Welt.

Es ist wichtig zu lernen, wie Sie mit den Besten in Ihrem Bereich und anderen in Kontakt treten können. Das Erkunden neuer Denkweisen und die Suche nach Inspiration in verschiedenen Bereichen kann das Wachstum Ihres Unternehmens oder Ihrer Organisation vorantreiben. Die Bibel zum Beispiel ist ein wunderbares Buch, das unermessliche Weisheit enthält und alle

Zeitalter und Herausforderungen überdauert. Wenn Sie diese Weisheit mit den Herausforderungen und Hindernissen Ihres Unternehmens in Verbindung bringen, kann dies eine wertvolle Orientierungshilfe in allen Phasen und Bereichen Ihrer Organisation sein.

Feiern und lernen

Es ist wichtig, sich daran zu erinnern, wie wichtig es ist, Erfolge zu feiern, egal wie klein sie sind. Vergessen Sie nicht, jeden Erfolg zu feiern, Ihrem Team zu gratulieren und sein größter Förderer zu werden. Denken Sie auch daran, sich selbst zu gratulieren, zumal Sie beim Erreichen großer Ziele, wie in diesem Buch vorgeschlagen, vor Herausforderungen stehen werden. Der Prozess zur Erreichung ehrgeiziger Ziele erfordert stundenlanges Nachdenken über die Überwindung von Hindernissen und die Beratung mit Fachleuten aus verschiedenen Bereichen. Geben Sie sich bei jedem Erfolg den Raum, Ihre Bemühungen zu belohnen und anzuerkennen. Beim Schreiben eines Buches ist jede vorgerückte Seite ein Sieg, also gratulieren Sie sich immer wieder selbst.

Kultivieren Sie Ihre geistige Einstellung und stärken Sie Ihr Selbstwertgefühl. Lass dich von nichts unterkriegen. Lernen Sie, aus jedem Fehler etwas zu lernen. Das Leben stellt Sie auf die Probe und jedes Hindernis ist eine Chance für persönliches und menschliches Wachstum. Sehen Sie, wie viele Persönlichkeiten und Unternehmen in Zeiten großen Drucks entstanden sind. Beispielsweise kam Gabriel García Márquez auf einer Reise nach Acapulco auf die Idee zu „Hundert Jahre Einsamkeit" und schloss sich sechs Monate lang ein, um daran zu schreiben.

Indem Sie sich wichtige Fragen stellen, beispielsweise was Sie können und worin Sie gut sind, können Sie Ihr wahres Potenzial entdecken und Ihre Energie auf die Entwicklung konzentrieren. Großartige Beispiele wie Jeff Bezos und Elon Musk zeigen, dass der Aufbau auf den Grundlagen menschlicher Beziehungen, Kontakte und Freundschaften für den Geschäftserfolg unerlässlich ist . Der Bau und die Konstruktion auf diesen Grundlagen sind Schlüsselelemente, die diese Unternehmer an die Spitze gebracht haben.

Dritter Teil Andere Karten

In diesem Teil des Buches wird eine kurze anekdotische Einführung gegeben, die veranschaulichen soll, wie die Anwendung der Erfolgsprinzipien, die zuvor im ersten Teil der Arbeit in ·Unternehmensrollen untersucht wurden, auch in völlig anderen Kontexten hervorragende Ergebnisse erzielen kann.

Die Art und Weise, wie sich die Ereignisse abspielten, könnte als eine weitere Möglichkeit betrachtet werden, die Karte zu entdecken oder zu konstruieren. Diese Geschichte entstand dank der Lektüre von „The Magic of Psychotropic Power" von Robert Stone.

Das Buch hebt drei entscheidende Elemente hervor, um im Leben etwas zu erreichen. Erstens erfordert es Engagement, insbesondere sich selbst gegenüber, was Sie wirklich erreichen möchten. Schlagen Sie als Nächstes vor, sich jemand anderem zu verpflichten, damit Sie sich sehr schämen, wenn Sie Ihre Ziele mitteilen, wenn Sie diese nicht erreichen. Darüber hinaus wird betont, wie wichtig es ist, den angestrebten Wunsch oder das angestrebte Ziel ständig zu wiederholen. Abschließend weist er darauf hin, dass es unerlässlich ist, die nötige Arbeit zu leisten, um es Wirklichkeit werden zu lassen. Vor diesem Hintergrund bin ich bereit zu erzählen, wie diese Philosophie zu einer interessanten sportlichen Leistung in meinem Leben beigetragen hat.

Sport

1997 kam er neu in die Gemeinde Quimbaya im Departement Quindío, war 18 Jahre alt und war zwei Jahre zuvor nationaler und internationaler Zweiter im olympischen Ringen gewesen. Mein größter Wunsch war damals, meine sportliche Karriere fortzusetzen.

Der Stadtwechsel war auf die beruflichen Probleme meines Vaters zurückzuführen. Wir erlebten den ersten finanziellen Bankrott der Familie, Alkohol und die nachlässige Führung von Unternehmen in den Händen unbeaufsichtigter Mitarbeiter führten dazu, dass wir im Van schlafen mussten und unser Zuhause wirtschaftlich zerstört war. Es war für uns alle eine herausfordernde Zeit.

Angesichts der Familienkrise entschieden sich meine Eltern für den Umzug in diese Gemeinde, motiviert durch die Anwesenheit der Nichte meiner Mutter als einzige Verbindung zum Gemeindewechsel. Als ich von dieser Entscheidung erfuhr, war ich fest entschlossen, nicht an einem Ort zu bleiben, an dem ich meinen Sport nicht ausüben konnte. Ich hatte vor, nach Pasto zurückzukehren und meine Ausbildung fortzusetzen, falls ich es in der neuen Abteilung nicht schaffen sollte.

In diesem Alter glauben Sie, dass die Dinge auf die gleiche Weise erledigt werden, wie Sie es gewohnt sind. Als ich ankam, kontaktierte ich die Abteilungssportabteilung, um den Ort und die Trainingszeiten zu erfahren.

Die erste Realität, die ich akzeptieren musste, war, dass der Ausbildungsort mit dem interkommunalen Nahverkehr eine Stunde entfernt war, und wer könnte sich diese Ausgaben leisten? Wenn wir uns gerade erst von der Insolvenz erholten.

Ich bin einmal mit dem Fahrrad gefahren, weil ich glaubte, dass ich auf diese Weise weiter trainieren könnte, aber nach zwei Stunden auf der einfachen Fahrt wurde mir klar, dass die Investition von vier Stunden, von denen zwei nachts verbracht werden mussten , aufgebraucht war . in meinem aktuellen Plan ausgeschlossen. Das Training fand an drei Tagen in der Woche statt: Montag, Mittwoch und Freitag von 18:00 bis 20:00 Uhr, früher habe ich von 16:00 bis 21:00 Uhr im vorherigen Fitnessstudio trainiert, es war eine weitere komplexe Umstellung.

Vom Sportler zum Trainer

Ich kann mich nicht erinnern, wie der Präsident der Sportliga Don Ibert Naranjo und der Abteilungstrainer Jorge Barón beschlossen, einen Sportprozess in der Gemeinde zu starten, und in ihren Plänen war es, mich zum Trainer zu ernennen, es war der erste Job, den ich bekam wurde anders als das Familienunternehmen.

Mit der neuen Position bereitete ich mich darauf vor, das zu tun, was ein Trainer tun sollte: die Sportvereine zur Sportliga zu gründen, die rote Olivetti-Schreibmaschine begann zu arbeiten und tippte mit beiden Händen und dem Mittelfinger. -Ich hatte in der Schule Schreibmaschinenunterricht erhalten, aber die Disziplinlosigkeit erlaubte mir nicht viel zu lernen, das einzige war, dass ich am Ende drei Sportvereine gründete, - und ich überredete Bekannte über 18 Jahre, in den Vereinen mitzumachen. , I Ich brauchte 15 Leute pro Club, und ich weiß nicht wie, aber ich habe es geschafft, und die Clubs wurden von mir gegründet und getippt.

Sport fördern

Mit dieser Position im Hinterkopf ging die Beförderung weiter, ich ging in jeder Schule der Gemeinde von Zimmer zu Zimmer, um für den Sport zu werben, dort begann ich, mich in der Gemeinde bekannt zu machen, und auf diese Weise und mit sechs Laken oder weichen Matten, ich Er begann mit sportlichen Aktivitäten in Quimbaya. Etwa 45 lernbegeisterte Menschen nahmen an dem Aufruf teil.

Als der Präsident der Liga diese Ergebnisse der Ausschreibung sah, verwaltete er einundzwanzig Module von zwei mal einem Meter aus einem für Stürze geeigneten Cassata-Material und stellte mir eine gelbe Plane zur Verfügung, das Büro des Bürgermeisters der Stadt hatte mir bereits einen Platz zugewiesen , und alles war bereit zum Start.

Mit großer Begeisterung begannen wir um drei Uhr nachmittags mit dem dreistündigen Training. Die Kinder waren sehr glücklich, sie waren unterschiedlich alt, die jüngsten waren die Mosquera-Brüder, die 5, 7 und 9 Jahre alt waren. Das Potenzial, das in ihnen steckte, war offensichtlich. Er war ungefähr in meinem Alter, etwa 17 Jahre alt, und zu diesem Zeitpunkt begann der Unterricht. Nun fragen Sie sich vielleicht: Was hat er gelehrt?

Kampfsportarten

In meiner Ausbildung als Sportler trainierten wir vor meinem ersten Wettkampf etwa vier Jahre lang als Ringer. Aber der Sport begann erst mit dem Fußball, als ich etwa 7 Jahre alt war, ein paar Tage nachdem ich die Guayos bekommen hatte, gab ich auf.

Ein Kunde, der das Restaurant (ein Familienunternehmen) besuchte, ein Boxer, ein dunkelhäutiger, etwa 1,90 großer Mann namens „Palomo", dessen Spitzname zu Ehren des Fußballspielers „Palomo Usurriaga" war, beschließt, mich einzuladen Boxunterricht im Kolosseum. Sergio Antonio Ruano.

Glücklich mit meiner neuen Sportart habe ich sie im Alter von 10 Jahren mit großer Hingabe ausgeübt. Ich erinnere mich an den Sportunterricht in der Schule, dass der Lehrer mich aus irgendeinem Grund dazu zwang, das Aufwärmen in seiner Klasse zu machen, und ich erinnere mich an das Putten Meine Klassenkameraden haben das Ya und den Hopper durchgeworfen, während wir rannten.

Bereit für das Viereck

Ich hatte ein paar Monate lang mit Hingabe trainiert, und zwischen Schatten und Schlägen auf den Boxsack kam mir die Idee, die Frage zu stellen: Lehrer, wann werde ich in einem Ring kämpfen? Ich wusste bereits, wie man die Verbände anlegt und das Atmen mit dem Mundschutz war kein Problem mehr, ich wollte schon den Termin meines Debüts wissen.

Der Professor hört mir zu, sieht mich, und mit geballten Händen an der Taille beugt er sich hinunter, atmet tief durch und lacht. Ich glaube, ich erinnere mich daran, auch wenn mir die Tränen in den Augen liegen, weil ich so viel gelacht habe. Sagte, genau dieser lustige Moment dass ich mir vorstellen kann, dass er es getan hat.

Die Handschuhe aufhängen

Am nächsten Tag wollte ich nicht zurück und trainierte nicht mehr Boxen. Ich beschloss, praktisch „gedemütigt" zu gehen. Ich kann mich nicht erinnern, mit jemandem über meine Entscheidung gesprochen zu haben. Ich habe es einfach getroffen und bin weggegangen und ich habe diese Geschichte bis jetzt noch nicht erzählt.

Der Lehrer war ein sehr guter Trainer, er brachte mehrere nationale Meister hervor und trainierte mit Nariño Newton Villarreal einen der größten Boxer seiner Zeit. Mit etwas mehr Fingerspitzengefühl seitens des Lehrers wäre es für mich, 10 Jahre alt, eine andere Geschichte gewesen, die hier geschrieben wurde, wenn sie überhaupt geschrieben wurde.

Erster Boxkampf

Wir lernten an derselben Schule wie Newton Villareal, an der Roosevelt School, und aufgrund des Ruhms, den er bereits erlangte, wusste er, wie man Boxhandschuhe und Kopfbedeckungen zur Schule bringt. Seit meinem endgültigen Rücktritt vom Boxsport waren drei Jahre vergangen, aber das Boxen verfolgte mich.

In höheren Klassen gab es einen Schüler namens „Duck", er war einer dieser kleinen Jungen, die jeder respektierte, weil er sich Fähigkeiten im Straßenkampf angeeignet hatte, und zwar im olympischen Ringen.

Eines Tages trug die Ente Handschuhe in der Schule, während Newton einen Konkurrenten beförderte, sah ich, dass niemand in den Ring stieg. Da ich einen erheblichen Altersunterschied hatte, war ich fest entschlossen, mit zwei Monaten Unterricht einzusteigen, „etwas", das ich wusste, beschloss, einzusteigen, um den echten Kampf auszuprobieren.

Der Kampf dauerte nicht lange, und wenn Newton nicht gewesen wäre, hätte der Kampf mit einem Knockout geendet, wobei dieser Aufschläger am Boden lag. Ich erinnere mich, dass ich eine Flut von Schlägen von dir ins Gesicht bekam, und das Einzige, was ich tat, statt mich zu verteidigen, war, mit der gleichen Intensität in Kreuzschlägen und mit der gleichen Geschwindigkeit zuzuschlagen, wobei wir uns beide gleichzeitig trafen in Raserei.

Ich muss zugeben, dass Pato in diesem Boxkampf in der Schule der faire Sieger war. Nachdem ich wusste, dass es um Wrestling ging, beschloss ich, meine Freunde in dem Block, in dem ich wohnte, zusammen mit meinen beiden Brüdern zu überzeugen und ihnen zu sagen, sie sollten mit mir kommen, um etwas über Wrestling zu lernen, das ein Fitnessstudio diagonal zum Boxen war, das wusste ich Weg perfekt.

Kommen, um zu kämpfen

Wir kamen in der Turnhalle an und zur Überraschung von uns sieben, die gerade in die Turnhalle gingen, besuchte uns ein zwei Jahre älterer junger Mann, der uns sehr freundlich einlud, weiter in die Ringerhalle zu gehen, und uns zum ersten Mal trainierte . Der befreundete Trainer, einer der ganz Großen von Nariño, Jhon Jairo Barbosa, der uns assistierte, trainierte seit etwa zwei Jahren.

Ich erinnere mich, dass er uns nach den Übungen, der Gymnastik und der Technik dazu brachte, untereinander zu kämpfen, und dann kämpfte er mit uns. Ich erinnere mich, dass es an diesem Tag ein großartiger Tag für mich war. Ich habe alle meine Freunde und sogar Barbossa geschlagen, obwohl es beim Schreiben dieser Zeilen sehr gut möglich ist, und ich denke, es war mein neuer Freund, der sich einfach gewinnen ließ, so dass ich die Motivation spüren, mit dem Training fortzufahren.

Drei Jahre später bin ich auf dem Weg zur ersten nationalen Meisterschaft in Palmira Valle. Aus Erfahrung habe ich beschlossen, nicht noch einmal zu fragen, besser: Wann fahre ich zu einer nationalen Meisterschaft? Ich wusste nicht einmal, dass es sie gibt, ich habe einfach nur trainiert und Spaß gehabt. Wir hatten jedes Mal einen Trainer, wenn sie ihn bezahlten, den Rest der Zeit taten uns die Fortgeschritteneren den Gefallen, uns zu trainieren, und so taten wir ohne Trainingsplan das, was wir zu tun glaubten, um gut zu sein.

Trainingsplan

Die Veteranen haben uns Folgendes beigebracht: eine Stunde Tribüne, eine Stunde Gymnastik, eine Stunde Technik, eine Stunde Ringen und eine Stunde Gewichte. Im Allgemeinen haben wir das jeden Tag gemacht, und das war die Vorbereitung, um an die Gewichte zu kommen. Es gab nicht viel Energie, aber es wurde etwas getan.

Das war es, was ich im Unterrichten entwickelte. Ich hatte mich nicht darauf vorbereitet, Trainer zu werden, und wusste auch nicht, wen ich fragen sollte, aber der Wunsch, mit dem Sport fortzufahren, veranlasste mich, mit dem Unterrichten zu beginnen.

Wie wird man ein Champion?

Bereits in der Position des Trainers eine Mannschaft trainieren, Sportler lernen, alles, was er bisher getan hat. Ich erinnere mich, dass ich nur trainieren wollte, aber dafür musste ich Trainer sein. Alles, was ich tun musste, war nicht in meinem Kopf programmiert, ich wollte einfach nur trainieren.

Die Ankündigung der nächsten Meisterschaft kommt, drei Monate Vorbereitung, ich habe keinen Trainer, ich habe keinen Sparringspartner mit dem gleichen Gewicht, ich habe niemanden, der mich unterrichtet, ich habe keine Bücher, nichts, was zu meinen Gunsten spricht, nur einen Trainer eine Stunde und die andere zu anderthalb Stunden. Ich bin allein, ich erinnere mich nur an ein Buch, das ich vor langer Zeit gelesen habe, „The Magic of Psychotronic Power".

„Wenn du nichts anderes hast, ist alles, was du hast, das Einzige, was du brauchst."

Wenn Sie nichts anderes haben, ist alles, was Sie haben, das Einzige, was Sie brauchen. In dem Buch habe ich drei wichtige Dinge verstanden: Erstens: Definieren Sie, was Sie wollen. zweitens verpflichten Sie sich, dieses Ziel zu erreichen; Drittens wiederholen Sie ständig, was Sie wollen.

„Meine erste Karte lösen"

Die Tatsache, dass? Es war bereits klar, dass er Landesmeister werden wollte. So klar und prägnant es auch sein sollte: Bestimmen Sie, was Sie wollen?

Engagement, das Buch machte sehr deutlich, dass die Verpflichtung gegenüber mir selbst und gegenüber einer respektablen oder bewundernswerten Person bestehen musste. Die erste Person, der ich versprach, ein nationaler Meister zu werden, war meine Tante Ofelia. Sie ist eine dieser Tanten, die immer hilfsbereit und besorgt waren, damit man weiterkommt, sie reichten uns die Hand, wenn es finanziell schlecht ging. Ich hatte keine Möglichkeit, ihm alles zu vergelten, was er für uns getan hatte, also versprach ich es ihm weinend und aus Dankbarkeit, als ich mich von dem neuen Zuhause verabschiedete. Ich habe durch dieses Engagement eine sehr große Stärke gespürt, da ich zu diesem Zeitpunkt noch nicht wusste, wohin ich gehen und was ich finden würde.

Da ich in der neuen Heimat nicht genau wusste, mit wem ich diese Verpflichtung eingehen sollte, beschloss ich, dies auch mit dem Gemeindebürgermeister und den von mir trainierten Sportlern zu tun.

Als ich mich mit dem Bürgermeister verlobte, der bei der nächsten Meisterschaft Landesmeister werden sollte, spürte ich, was der Autor von jemandem brauchte, der seinen Texten folgt. Das Engagement, das ich erworben hatte, war für mich so stark, dass die Hindernisse, keinen Trainer, Sparringspartner und keinen geeigneten Ort zum Training zu haben, nicht existierten und ich auch nicht darüber nachdachte, bis ich es geschafft hatte, über die Sache nachzudenken, und sogar Jahrzehnte danach.

Aufgrund des „Mundes", glaube ich, konnte ich darüber nachdenken, oder vielleicht denke ich jetzt darüber nach, die Verpflichtung war bereits eingegangen und ich konnte nicht zurücktreten, mein gesamter Ruf stand auf dem Spiel und alles hing ausschließlich von mir ab. Ohne ausreichende Kenntnisse oder Erfahrung machte ich mich daran, alles zu tun, was in meiner Macht stand.

Ich habe alles getan, woran ich mich erinnerte, als ich trainieren musste. Etwas, das ich tat, um Kraft zu gewinnen, es war ein Spiel namens „Jeder gegen den Trainer", und alle Athleten traten gegen mich an, um mich niederzuschlagen, und ich ließ nicht locker, das wurde zu einer Schlüsselroutine der Vorbereitung, ich hatte nichts anderes zu der Zeit zu tun.

In der Zusage betonte Stone, dass es bei dieser Person sein müsse, dass man sich schämen müsse, wenn man sie in seinem Leben wiedersehe, wenn man ihr sagen würde: „Ich bin Zweiter geworden oder ich habe verloren", man sollte die Scham empfinden, es nicht geschafft zu haben.

Das Dritte, was mir an dem Autor in Erinnerung blieb, war, dass man es täglich und jederzeit wiederholen musste. Ich hatte mir mehrere Sätze ausgedacht, die ich immer wiederholen sollte: Ich werde Champion und ich werde gewinnen. Ich habe beschlossen: **ICH WERDE GEWINNEN** . Es wurde mein Schlachtruf. Den ganzen Tag lang wiederholte ich es vor mich hin, beim Training, beim Baden, beim Essen, vor dem Schlafengehen, beim Aufstehen, im Bus zum Wettkampf, jederzeit.

Ich habe es mehrere hunderttausend Mal wiederholt, ich weiß nicht mehr, wie oft, im Wettkampf, als die Winde der Angst kamen, habe ich den Satz vor mich hin wiederholt, beim Aufwärmen habe ich ihn auch immer gemacht, das Einzige, was ich konnte Wiederholte ich mir Folgendes.

Der Tag des Wettbewerbs ist gekommen, die Nerven begleiten den Prozess, aber der Satz „Ich werde gewinnen" schreckt sie ab. Am Tag des Wettkampfs war ein erfahrener Trainer an meiner Seite, Professor Jorge Barón, der den Sport leitete und in mehreren Abteilungen begründete, der zu seinen Lebzeiten einen der erfolgreichsten Sportler-Steinbrüche in Kolumbien bildete, und seine Schüler machen weiter großartige Ergebnisse zu erzielen, jetzt als Trainer.

Im ersten Kampf trete ich gegen Valle an, Quindío gegen Valle, ein fünfminütiger Kampf. Ich erinnere mich an einen sehr heftigen Kampf, an das Gefühl von Angst und Nervosität, das man spürte, als der Ruf „Andrade für Quindío, mach dich bereit" über den Lautsprecher ertönte. „ICH WERDE **GEWINNEN** " , ich musste es wiederholen und es funktionierte, ein Satz erinnerte mich daran des ganzen Zwecks, warum ich dort war.

Nächster Anruf „von der Abteilung Quindío Andrade", der Tag war gekommen, die Vorbereitung war auf diesen besonderen Tag, diesen Wettbewerb ausgerichtet, ich ging zur Matratze und wiederholte mir: „ **ICH WERDE GEWINNEN"** , ich musste es tun, ich hatte bereits die Angewohnheit entwickelt, es ständig zu wiederholen.

Als ich die Matte betrat **„Ich werde gewinnen"** , schaute ich den Schiedsrichter und den Gegner an, lauschte dem lauten Takt „Vaaaaaaaalleeeeee", es hallte in meinen Ohren wider, aber die lauteste Stimme in mir war „ **Ich werde gewinnen"** . Wir begrüßen uns und sind bereit, den Kampf **„ICH WERDE GEWINNEN" zu beginnen** .

Der Pfiff ertönt, das, wonach ich mich gesehnt habe, hat begonnen, **I'M GOING TO WIN** , der Kampf beginnt, ein sehr starker Gegner, **I'M GOING TO WIN** , was für ein kraftvoller Satz, ohne diese mentale Methode hätte Valle gewonnen, glaube ich Ich habe nicht den geringsten Zweifel. Von Anfang an bekam ich die Punkte zurück, es war ein sehr ausgeglichener Kampf, am Ende gewann ich mit einem Punkt Vorsprung, 5 zu 4. Mein Trainer in der glücklichen Ecke und sein Sohn, der Abteilungstrainer war, der als Teilnahm Ein nationaler Richter kommt auf mich zu und sagt mir: „Wir sind jetzt Dritter." Wir waren zu viert im Wettkampf, ich habe einen Kampf gewonnen, meiner Rechnung nach habe ich zwei weitere verloren, ich wurde Dritter.

Als ich mich aufwärmte, wiederholte ich den Satz „Ich werde gewinnen", als ich die Matte betrat, wiederholte ich den Satz, „Während des Kampfes war ich nur auf den Sieg konzentriert, in den entscheidenden Momenten des Gewinnens oder Verlierens kam eine innere Stärke zum Vorschein, Ich wollte nicht die Schande empfinden, der Bürgermeisterin zu sagen, dass ich verloren habe, sie habe mir die Kraft gegeben, mich nicht selbst zu besiegen. Manchmal verliert man einen Wettbewerb nicht, man lässt sich besiegen, und dieser Satz „Ich werde gewinnen" und diese Methode ließen mich nicht aufgeben.

Im nächsten Kampf tritt Valle gegen Bogotá an. Auf der Tribüne schaute ich verblüfft auf den Kampf, den aus Bogotá, er verprügelte den, dessen Sieg mich so viel Arbeit gekostet hatte. Sofort tauchten die Befürchtungen auf, dass ich verlieren könnte, wenn ich Bogotá spiele. **ICH WERDE GEWINNEN** .

Quindío gegen Bogotá, der Satz wurde mir wiederholt und er riss mich aus dem Gedankenkreis, in dem ich die vorherige Prügel gesehen hatte. Ein Teil von mir dachte, ich hätte den Kampf verloren, aber der Satz, viele Sätze, erfüllten mich mit Mut, ich wärmte mich auf und betrat die Matte.

Treten Sie ein und beenden Sie den Kampf so schnell, dass ich nicht verstehen konnte, warum Valles Konkurrent so deutlich besiegt wurde.

Nächster Kampf, Antioquía gegen Valle, der Kampf war ähnlich wie der vorherige, Antioquía besiegte Valle erneut sehr leicht. Wieder einmal kommt mir dieser Gedanke, der härteste in dieser Kategorie war Antiochia. Wieder der Satz; **Ich WERDE GEWINNEN** , um meine Gedanken auf den Punkt zu bringen und ins Finale zu kommen.

Das Finale Quindío gegen Antioquía

Derselbe Prozess, das ständige Wiederholen dessen, was mir durch den Kopf ging, das ständige Wiederholen meines Wunsches, der Satz „ **ICH WERDE GEWINNEN**" hat mir bei diesem Turnier sehr geholfen, er vertrieb die natürliche Angst, die man verspürt, wenn man an dem Wettbewerb teilnimmt.

Bereits auf der Matratze wandte ich eine Wurftechnik an, und mein Gegner lag flach (beide Schulterblätter auf dem Boden der Matratze), bereits auf dem Boden und unfähig, sich zu wehren, beschloss er, einen Teil meiner oberen Brustmuskulatur zu beißen. Nahe an der Schulter, damit Lass es los, drücke es fester und gewinne die Meisterschaft.

Zu dieser sportlichen Erfahrung muss ich der Familie der Risaralda-Kämpfer, den drei Echeverri-Brüdern und dem Vater und Sohn Jorge Baron Anerkennung hinzufügen, die diesen Prozess hinter den Kulissen bestmöglich unterstützt haben.

Jahre später traf ich einen Freund aus dem Valle-Team, der mir erzählte, dass er, nachdem er den Kampf mit mir verloren hatte, demoralisiert war und geplant hatte, zu gewinnen ging zum Wettkampf, weil er der Pflicht nachgekommen war, körperlich nicht aufzugeben, denn moralisch hatte er den Wettkampf bereits aufgegeben.

Taekwondo

Die nächste ähnliche Erfahrung habe ich mit dieser Methode im Taekwondo gemacht. Ich war an der Universität und musste unverbindlich einen Sportkredit absolvieren . Schauen Sie, was es da gab, und dem olympischen Ringen kam Taekwondo am nächsten.

Ich wollte diesen Sport schon immer ausüben, der monatliche Betrag erlaubte mir nicht, damit anzufangen, obwohl ich als Kind sicherlich bezahlt hätte, wenn ich Papa gefragt hätte, aber die Wahrheit ist, dass ich es ihm nie gesagt habe, ich bin davon ausgegangen, dass er nicht zahlen würde . Mein Vater wollte einfach, dass ich mich auf die Arbeit konzentriere.

Bereits an der Universität nahm ich an Kursen teil, am ersten Tag interviewte mich der Trainer und außer einem anderen Karate-Klassenkameraden teilte er uns mit, ob wir an einer offenen nationalen Kampfsportmeisterschaft teilnehmen wollten. Beim Boxen fragte ich wann, und der Lehrer lachte, beim Ringen fragte ich mehr als drei Jahre lang nicht mehr, bis ich zur ersten Klasse ging, und beim Taekwondo sagten sie mir bereits in der ersten Klasse, wann ich debütieren sollte.

Ich sagte zu ihm: „Sicherlich denkst du, ich kann gehen, wenn ich nicht viel über dieses Thema weiß." Der Trainer sagte mir: „Du weißt, wie man konkurriert, das ist das Wichtigste." Fünfzehn Tage nach meinem Debüt erklärte er mir sechs wichtige Tritte und die Verteidigung, und da er nur samstags trainierte und ich mich bereits verpflichtet hatte, begann ich nachts zu Hause mit dem Training.

Schon im Klassenzimmer, so erzählte ich meinen Klassenkameraden, fingen alle an zu lachen, weil sie dachten, sie würden mir eine gewaltige Tracht Prügel verpassen. Das gefiel mir nicht, also wiederholte ich die Methode noch einmal, das Was?, es war schon klar, die Verpflichtung lag bei meinen Klassenkameraden, ich wollte nicht, dass sie sich im Unterricht über mich lustig machten, und ich hatte den Satz bereits , es wäre nicht so, wenn ich es nicht getan hätte. Wiederholen Sie dies, was ich bereits getan hatte.

Als ich zum Wettbewerb mit der direkten Ausscheidungsmethode kam, gewann ich die drei oder vier Kämpfe und kam dort mit meiner Trophäe an, um sie meinen Teamkollegen zu zeigen. Wir drei, die die Universität La Gran Colombia repräsentierten, kehrten als nationale Meister in unseren jeweiligen Kategorien zurück.

Vergessen, Champion zu sein

Vor dieser Meisterschaft und danach, im olympischen Ringen, wurde ich nicht erneut nationaler Meister, ich erreichte das Podium, aber ich konnte das Kunststück, Meister zu werden, nicht wiederholen. (Im vierten Teil dieses Buches erkläre ich, was passiert ist).

Später hatte ich tolle Nationaltrainer, die sich um Technik, Taktik, Strategie, Körperlichkeit gekümmert haben, aber keiner von ihnen hat wieder am Kopf gearbeitet, und da ich bei denen war, die es wussten, habe ich diese Karte vergessen, ich habe es auf diese Weise vergessen, ich habe es getan Ich werde nicht noch einmal darauf achten. , eine „vorübergehende" Methode war in meinem Leben angekommen, und genau in dem Moment, als sie kam, verschwand sie wieder, und ich erinnerte mich erst 26 Jahre später, als ich dieses Buch schrieb, wieder ernsthaft an diese Angelegenheit.

Vierter Teil: Auf den Schultern der Riesen

Im zweiten Teil des Buches wird eine Methode vorgestellt, die einige Einblicke in die Perfektionierung des Sehvermögens gibt. Und obwohl es keine Universität gibt, die den exklusiven Titel „Verbessere deine Vision zum Rekord" oder so ähnlich trägt. Und es ist sicher, wie im dritten Teil gesehen wurde, dass es viele Wege oder Formen gibt, dies zu tun, und hier stellen wir Ihnen einen weiteren Weg vor, wie Sie Ihre wahren Ziele erreichen können.

RIESEN zu schauen , von denen wir lernen können, von denen, die an vorderster Front stehen, und es ist klug, das zu „kopieren", was sie getan haben, auch wenn es kulturell so aussieht, als ob wir dazu prädestiniert sind, das zu glauben Kopieren ist schlecht.

Man könnte sagen, dass das genaue Kopieren nicht möglich ist, aber wenn es Ihnen eine klare Vorstellung davon gibt, wie sie es gemacht haben und wie Sie es machen könnten oder wie Sie es besser machen könnten, basiert Hombros de Gigantes auf dieser Tatsache Dass es nur Uns gelingt, Großes zu leisten, wenn wir die Arbeit derer verstehen, die uns vorausgegangen sind, bedeutet, die Leiter des Wissens auf diesem Gebiet zu erklimmen, um weiter voranzukommen. Es fängt nicht bei Null an, nein, es geht voran, darauf basiert der Fortschritt der Zivilisation, wie wir sie kennen.

4 Prinzipien

Als ich zum ersten Mal von einem Unternehmer hörte, der über hundert Unternehmen, hundert verschiedene Branchen, keine Zweigstellen, sondern hundert völlig unterschiedliche Unternehmen besaß, begann ich aufmerksam zu werden. Ich begann zu studieren und darüber nachzudenken, wie sie es gemacht haben. Wie war es für einen Unternehmer möglich, eine solch überwältigende Arbeitsbelastung zu bewältigen? Im Gegensatz dazu besaßen Persönlichkeiten wie Carlos Slim und Li Ka-shing 150 bzw. 300 Unternehmen. Dabei handelte es sich um riesige Unternehmen auf der ganzen Welt, unangefochtene Marktführer in ihren Bereichen und Territorien. Sie hatten Expansions- und Wachstumspläne, die unermesslich schienen. Indem ich mich mit den Biografien dieser Menschen befasste, entdeckte ich, wie sie begannen, wie sie entstanden und was sie wirklich taten. Es ist faszinierend, die enorme Wirkung ihrer Leistungen zu kennen.

Diese herausragenden Unternehmer hatten die Fähigkeit herauszufinden, wie sie auf den Märkten, in die sie eintraten, erfolgreich sein konnten. Sie identifizierten die Grundprinzipien, die es ihnen ermöglichten, sich von anderen abzuheben. Wenn jemand ein kleines Unternehmen gründete, war er oft von der Arbeitsbelastung überfordert. Obwohl ich zwei Fachkurse zu diesem Thema studiert hatte, lieferte keiner die genaue Antwort. Niemand konnte erklären, was geschah. Bei dieser Übung entdeckte ich, dass noch etwas anderes existierte, etwas, das meinen früheren Studien entgangen war. Wenn Sie nach einer schlüssigen und logischen Erklärung gesucht haben, wie es diesen Unternehmern gelungen ist, so viele Unternehmen in verschiedenen Branchen aufzubauen, haben Sie ein Buch gefunden, das Ihnen Antworten liefert und eine Meditation darüber vermittelt, wie dies wirklich erreicht werden kann.

Es ist wichtig zu verstehen, dass wir alle über eine begrenzte Ressource verfügen: unsere Zeit, die auf 24 Stunden am Tag reduziert ist, weniger als eine Million Stunden im Leben. Einige Unternehmer fingen bei Null an, andere sogar bei weniger Null, während einige anfängliche Vorteile hatten. Entscheidend ist jedoch das erzielte Ergebnis, das in vielen Fällen unermesslich und kolossal ist. Die Tatsache, mit einem gewissen Vorteil gestartet zu sein, darf nicht unterschätzt werden, da sich viele Unternehmer einen bemerkenswerten Namen gemacht haben, der in Erinnerung bleibt, anerkannt und geschätzt wird. Sie haben Spuren hinterlassen, die bleiben und die künftige Generationen zu schätzen gelernt haben.

Während dieser Recherche konnte ich vier Prinzipien identifizieren, die jeder dieser Unternehmer im Laufe der Zeit umzusetzen begann. Diese Prinzipien stehen in direktem Zusammenhang:

1. Unternehmensführung
2. Headhunter delegieren und bilden Teams
3. Smiths Prinzipien und Reichtum
4. Vzan

Um methodisch zu erklären, ob das, was in diesem Teil gesagt wird, richtig oder falsch ist, muss ich sehr aufrichtig sein. Manche mögen argumentieren, dass es richtig sei, dem Beispiel von Napoleon Hill zu folgen, der über einen Zeitraum von zwanzig Jahren zahlreiche Geschäftsleute interviewte. Allerdings kann man auch sagen, dass man seiner Fantasie und seinem

Ermittlungsvermögen freien Lauf lassen kann, indem man sich stundenlang Audios und Videos anhört. Persönlich habe ich viel Zeit dem Zuhören und Verstehen gewidmet und zusätzlich Bücher zu verschiedenen Themen gelesen, sowohl zur Theorie als auch zur menschlichen Entwicklung.

Ähnlich wie sich große Denker die Funktionsweise der Konstellationen und Sterne vorgestellt haben, war die Entwicklung dieser vier Prinzipien ein jahrelanger Aufwand. Um zu diesen vier Prinzipien zu gelangen, war es eine Arbeit des Nachdenkens, der Suche und des ständigen Nachforschens, bei der ich die Frage im Kopf behielt.

Unternehmensführung

Unternehmensführung geht über die bloße Vorstellung der künftigen Richtung der Wirtschaft hinaus. Es geht darum, ständig auf der Suche nach dem nächsten Trend zu sein, nach der Innovation, die Maßstäbe setzen wird, oder nach der nächsten Marktnische, die es zu entdecken gilt.

In diesem Prozess ist es wichtig zu verstehen, dass es bei Innovation nicht immer darum geht, etwas völlig Neues zu schaffen, sondern auch darum, Bestehendes neu zu erfinden und zu verbessern. Nehmen wir zum Beispiel den Fall eines Restaurants: Auch wenn das Konzept an sich vielleicht nicht innovativ ist, liegt die wahre Genialität in der Art und Weise, wie es umgesetzt wird. Hier stellt der Unternehmensleiter seine Fähigkeit zur einzigartigen Strukturierung, Konzeption und Umsetzung unter Beweis.

Weitsicht, gepaart mit der Fähigkeit, Chancen zu erkennen und sich an veränderte Marktanforderungen anzupassen, ist die Essenz unternehmerischer Führung. So antizipiert eine Führungskraft nicht nur den nächsten großen Trend, sondern nimmt auch aktiv Einfluss auf dessen Entwicklung und Anpassung und stellt so die Weichen für sein Team und seine Organisation als Ganzes.

Beim Führen geht es darum, völlig unerforschte Gebiete zu betreten, eine Art Führung, die denjenigen vorbehalten ist, die den Geist des Entdeckers teilen und sich ins Unbekannte wagen. Dies ist die Führung der Eroberer, jener Visionäre, die nicht nur neue Industrien schaffen, sondern sie auf die nächste Ebene heben.

Wir sprechen über die Führung von Pionieren, denjenigen, die erfinden oder innovieren, und die den Weg für den Club der wahren Innovatoren weisen. Es sind diese Führungskräfte, die Grenzen in Frage stellen, andere dazu inspirieren, in ihre Fußstapfen zu treten, und letztlich nicht nur ihre eigene Organisation, sondern die gesamte Unternehmenslandschaft verändern.

Es ist wichtig zu beobachten, was andere nicht wahrnehmen, bevorstehende Ereignisse zu verstehen und vorherzusehen. Wenn man versteht, wie sich wichtige Paradigmen ständig ändern, wird neu definiert, was heute als Geschäftswahrheit gilt und was in der Geschäftswelt funktioniert. Neue Technologien und kontinuierliche Fortschritte verändern die Landschaft völlig und erfordern eine ständige Anpassungsfähigkeit, um in diesem sich ständig weiterentwickelnden Geschäftsumfeld auf dem Laufenden zu bleiben.

Die Stadt erlebt einen erheblichen Wandel in der Art und Weise, wie wir konsumieren, und tatsächlich durchläuft die ganze Welt mit jeder technologischen Revolution einen Wandel. Alles verändert sich ständig und es ist von entscheidender Bedeutung, diese Dynamik zu verstehen, zu antizipieren und sich an sie anzupassen. Eine Führungskraft antizipiert nicht nur, sondern dokumentiert und trainiert und lässt so zu, dass Dinge sowohl innerhalb als auch außerhalb ihrer Organisation geschehen. Ihre Fähigkeit, diese Veränderungen proaktiv zu meistern, ist für den Erfolg und die Relevanz in einem sich ständig weiterentwickelnden Umfeld von entscheidender Bedeutung.

Headhunter und Delegierter

Wird das Talent der Menschen geboren oder geschaffen? Es ist eine entscheidende Frage, und die Antwort lautet: Sie ist geboren und geschaffen, sie kann entwickelt werden, oder vielleicht ist ihr Talent bereits auf einer bestimmten Ebene vorhanden. Es ist wichtig, diese Perspektiven bei der Beurteilung der Talente um Sie herum zu berücksichtigen. Sie können Talente sowohl in Ihrem Unternehmen als auch bei Menschen entdecken, die noch nicht angekommen sind. Manchmal liegen Talente an unerwarteten Orten und außergewöhnliche Fähigkeiten liegen darin, einen gewöhnlichen Menschen in einen außergewöhnlichen Menschen zu verwandeln.

Für jeden Menschen könnte die Zeit kommen, etwas Außergewöhnliches zu tun. Dieser Moment ist entscheidend, und es ist notwendig, genau zu beobachten, wann er eintritt, welcher der richtige Moment ist, welcher genaue Moment, in dem das Leben, die Umstände und Situationen jeden Menschen dazu veranlassen, sein Bestes zu geben oder sich mental darauf vorzubereiten Tu es. Es kann sein, dass Sie sich im richtigen Moment befinden oder kurz davor stehen und die Stimme der Weisheit und Ermutigung benötigen, die es Ihnen ermöglicht, diesen großen Schritt zu wagen und Ihr Potenzial auf unermessliche Weise zu entfalten.

Dies sind die Schlüssel zur Gründung einer neuen Organisation oder eines neuen Unternehmens. Es gibt Zeiten, in denen Menschen bereit und willig sind. Wenn wir sagen: „Die Zeit ist gekommen", ist es wichtig, geduldig zu sein und herauszufinden, wie wir sicherstellen können, dass die Menschen, die mit uns zusammenarbeiten, mit denen wir zusammenarbeiten, immer bereit sind, ihr maximales Potenzial zu entfalten . Dies ist möglich, solange wir Prinzipien teilen, die für den Weg zu einer Organisation, die interessante Ziele erreichen kann, unerlässlich sind.

Großartige Arbeitgeber zeichnen sich durch ihre Fähigkeit aus, die besten Talente in verschiedenen Bereichen zu identifizieren und anzuziehen. Echtes Talent ist von unschätzbarem Wert, denn mit ihm kann man neue Branchen erschließen, Marktanteile erobern, bedeutende Fortschritte erzielen und Fortschritte machen. Dieses Talent zu finden und zu halten ist eines der Hauptziele, die herausragende Unternehmer verfolgen müssen. Der Besuch von Veranstaltungen und die Teilnahme an verschiedenen Meetings sind Schlüsselstrategien, da in diesen Kontexten die Talente zu finden sind, nach denen Ihr Unternehmen, Ihr Unternehmen oder Ihre nächste Geschäftsinitiative sucht.

Man könnte argumentieren, dass jeder über ein inhärentes Potenzial verfügt; Es ist jedoch wichtig zu lernen, wie man Talente richtig auswählt. Es ist auch notwendig, die Fähigkeit zu kultivieren, gewöhnliche Menschen zu stärken und ihnen das nötige Maß an Autonomie zu geben, damit sie das Beste aus sich herausholen und die vollständige Bestandsaufnahme ihrer persönlichen Geschichte zeigen können. Dies wird es ihnen ermöglichen, die großen Ziele und Herausforderungen, die wir ihnen gesetzt haben, erfolgreich anzunehmen und uns mit ihren Erfolgen zu überraschen.

In diesem Sinne könnte man bei der Entdeckung verschiedener Arten von Talenten argumentieren, dass der wichtigste Bereich innerhalb der Abteilungen eines Unternehmens die Abteilung für menschliche Talente ist. Dieser Abteilung kommt die entscheidende Verantwortung zu, die qualifizierteste und außergewöhnlichste Person auszuwählen, da sie für die Einstellung und Untervergabe des gesamten erforderlichen Personals unter Berücksichtigung aktueller Bedürfnisse, Erwartungen und Anforderungen sowie künftiger Schulungen zuständig ist . Die effektive Einarbeitung dieser eingestellten Talente ist von wesentlicher Bedeutung, da angestrebt wird, dass jeder vollständig auf das ausgerichtet ist, was man wirklich erreichen möchte.

Die Konsolidierung einer Organisationsstruktur, die auf einer breiten, reichhaltigen und verbesserten Auswahl menschlicher Talente basiert, ist von entscheidender Bedeutung. Ziel ist es, dass die Mitarbeiter ständig den Wunsch, die Sehnsucht und den Eifer verspüren, zu lernen und sich weiterzubilden und ihre Fähigkeiten und Fertigkeiten kontinuierlich zu verbessern. Auf diese Weise wird die Organisation auf einer Führung basieren, die Talente allgemein anerkennt und wertschätzt. Dies wird es dem Unternehmen ermöglichen, die verschiedenen Herausforderungen und Hindernisse, die sich ihm stellen, erfolgreich zu meistern.

Es ist von entscheidender Bedeutung, Talente unterschiedlichen Alters einzubeziehen, da sowohl gesammelte Erfahrungen als auch neues Wissen über neue Technologien wertvolle Beiträge darstellen. Die Anwesenheit junger Talente ist besonders wichtig, um Unternehmen auf die nächste Stufe zu bringen. Dieses Phänomen ist insbesondere in Technologieunternehmen offensichtlich, wo beobachtet werden kann, dass es junge Menschen sind, die mit ihrem Wissen über neue Tools und Technologien erhebliche Fortschritte gemacht und disruptive Veränderungen in verschiedenen Arten von gegründeten Unternehmen vorangetrieben haben. , konsolidiert und formalisiert.

Wenn Sie Erfahrung haben und ein Veteran sind, ist es wichtig, in Projekte zu investieren und wieder zu investieren, die neue Innovationen im Auge behalten. Die Branche denkt ständig um, auch wenn bereits ein fertiges und weit verbreitetes Produkt auf dem Markt ist. Wir wissen, dass die nächste große Innovation auf uns zukommt. Alles ist anfällig für Innovationen; Nichts kann im Laufe der Zeit völlig statisch bleiben. Auch in der Lebensmittelindustrie werden im Laufe der Zeit Produkte sowie verschiedene Präsentationsformen und Geschäftsmodelle verbessert und perfektioniert, um bessere Umsätze zu erzielen.

Eine der Grundpfeiler für den Aufbau großartiger Unternehmen liegt daher in der Erlangung einer soliden Führung, die in der Lage ist, diese Konzepte zu verstehen und die besten verfügbaren Talente zu gewinnen. Ein großartiges Unternehmen basiert auf den besten verfügbaren Talenten oder solchen, bei deren Entwicklung Ihre Führung mithilft. Das Ziel besteht darin, dass jeder Einzelne, der sich Ihrem Team anschließt, in jeder Zelle seines Körpers den Impuls verspürt, sein Bestes zu geben und seine ganze Kraft einzusetzen, um herausragende Ergebnisse zu erzielen, da seine Zeit gekommen ist.

Nach der Identifizierung und Sicherung von Talenten folgt im nächsten Schritt die Delegation: Erstellung eines Arbeitsplans und Zuweisung von Verantwortlichkeiten. Es ist wichtig, einen klaren Plan zu erstellen, der definiert, wohin Sie wollen, welche Ziele verfolgt werden und welche Maßnahmen Sie ergreifen, um diese zu erreichen. An diesem Punkt können Sie sich auf die Nachbereitung konzentrieren, insbesondere wenn es um die Leitung eines großen Teams oder sogar mehrerer Unternehmen geht. Wenn das Folgeteam wächst, ist es von entscheidender Bedeutung, effizient zu delegieren und die Bereitstellung von Kapital, die Suche nach Partnerschaften und die Gründung neuer Unternehmen in verschiedenen Branchen in Betracht zu ziehen. Die korrekte Umsetzung dieser Konzepte im gesamten Gebiet, in dem Sie ansässig sind, ist für nachhaltiges Wachstum von entscheidender Bedeutung.

Es ist wichtig, ihnen die Grundlagen für die Teambildung zu vermitteln, insbesondere ein tiefes Verständnis für diesen Prozess. Es ist äußerst wichtig, dass bei jedem neuen Projekt absolute Klarheit herrscht, insbesondere im Bereich der menschlichen Talente. Dieser Bereich ist dafür verantwortlich, alle Talente zu erwerben, die für das effiziente Funktionieren Ihrer Organisation erforderlich sind.

Jetzt wird die richtige Führung von den besten Talenten begleitet, und die besten Talente werden es schaffen, Unternehmen so zu führen, dass sie auf dem globalen Podium des geschäftlichen Wettbewerbs bleiben.

Smiths Prinzipien und Reichtum

Über die Prinzipien des Reichtums zu sprechen bedeutet lediglich, sich auf die vier Prinzipien zu beziehen, die der berühmte Adam Smith in seinem berühmten und viel zitierten Buch „The Wealth of Nations" detailliert beschrieben hat. In diesem Werk, das den vollständigen Namen „Untersuchung der Ursache und Natur des Reichtums der Nationen" trägt, werden in fünf Bänden die Maßnahmen behandelt, die eine Nation ergreifen kann, um reicher zu werden und ihre Entwicklung voranzutreiben. Ebenso untersucht Smith die Maßnahmen, die sowohl ein Unternehmen als auch ein Land vermeiden sollten, um nicht von diesem Weg abzuweichen.

In diesem Zusammenhang gibt es laut Adam Smith vier äußerst wichtige Prinzipien, um einen Prozess des Aufstiegs oder der Schaffung von Wohlstand zu erleichtern. Das erste Prinzip ist die Arbeitsteilung, gefolgt von der Spezialisierung als zweitem und der Konstruktion von Werkzeugen als drittem. Und all dies muss in die Größe des öffentlichen Marktes eingeordnet werden, der laut Smith das vierte Prinzip darstellt.

Die Arbeitsteilung, so Adam Smith, fessele ihn völlig, wenn er das Treiben in der berühmten Nadelfabrik beobachtet. Dort stellt er fest, dass ein Mann nicht mehr als 20 Stecknadeln pro Tag herstellen kann, aber mit zehn Männern, von denen jeder auf eine bestimmte

Aufgabe spezialisiert ist, schaffen sie es, 4.800 Stecknadeln pro Tag herzustellen. Diese Steigerung von 460 Nadeln pro Tag für jeden Mann war für Smith entscheidend, um den bevorstehenden Beginn der industriellen Revolution vorherzusehen. Dieses Konzept ist für zukünftige Projekte äußerst wichtig, da es die Notwendigkeit unterstreicht, zu lernen, die Arbeit zu unterteilen.

Eine korrekte Aufteilung der Arbeit in verschiedene Tätigkeiten, die jeweils von einem bestimmten Talent unterstützt werden, ermöglicht das Gedeihen der Spezialisierung. Wenn sich eine Person in eine sich wiederholende Aktivität vertieft, die ihre einzigartigen Fähigkeiten erfordert, kann sie ein gewisses Maß an Meisterschaft und Spezialisierung entwickeln. Dieser kontinuierliche, sich wiederholende Arbeitsansatz führt zu ständigen Verbesserungen. In einer Organisation, in der jeder Einzelne aufgrund der Unterteilung in seinem Spezialgebiet arbeitet, nehmen Verbesserung und Exzellenz in jedem Segment zu. Dieser Prozess von der Unterteilung bis zur Spezialisierung ist für die Erzielung außergewöhnlicher Leistungen am Arbeitsplatz von entscheidender Bedeutung.

In jedem Unternehmensbereich voll spezialisiertes Personal zu haben, verschafft einen erheblichen Wettbewerbsvorteil. Dadurch befindet sich das Unternehmen auf einem Weg des kontinuierlichen Wachstums, des Erreichens von Zielen, des Erreichens von Zielen und der Erschließung neuer Märkte und Innovationen. Die Spezialisierung ermöglicht es jedem Einzelnen, sich in seinen Leidenschaften ständig zu verbessern, was für die zunehmende Kompetenz und Wettbewerbsfähigkeit des Unternehmens von entscheidender Bedeutung ist.

Nach der Spezialisierung folgt laut Smith der Bau von Werkzeugen. Er beschreibt den Philosophen als jemanden, der untersucht, wie man den Produktionsprozess optimieren kann, um größere Mengen in kürzerer Zeit zu erreichen und so bedeutende Fortschritte voranzutreiben. Dieser Ansatz beinhaltet die Entwicklung effizienterer technologischer Werkzeuge, um Zeitverschwendung zu vermeiden. Wer sich auf einen Teil des Prozesses spezialisiert, ist derjenige, der im Laufe der Zeit auch seine eigenen Werkzeuge generieren kann, eine Beobachtung, die sich in verschiedenen Branchen und Sektoren bestätigt hat.

Wenn diese drei Prinzipien im Kontext der Größe des öffentlichen Marktes angewendet werden, sowohl für ein Unternehmen als auch für eine Nation, ergibt sich ein beträchtliches exponentielles Wachstum. Die Größe des Marktes erweist sich als entscheidender Faktor, da sich die Unternehmensgründung in einer Stadt mit 20.000 Einwohnern erheblich von der Gründung in einem Markt mit 7 oder 8 Millionen Einwohnern unterscheidet. Vermarkter haben gelernt, dass die Marktgröße für die Schaffung von Wohlstand von entscheidender Bedeutung ist. Ein gut gelegenes Unternehmen mit einem großen Kundenstrom ist dazu bestimmt, zu wachsen, zu expandieren und sich weiterzuentwickeln. Andererseits haben wir beobachtet, dass Unternehmer in Bereichen mit Potenzial oft durch die Größe des Marktes eingeschränkt werden, was sie daran hindert, ihr volles Potenzial auszuschöpfen.

Ein Unternehmer hat die volle Fähigkeit, den Umgang mit den vier Prinzipien von Smith zu erlernen. Sie werden ermutigt, die Größe Ihres Zielmarktes zu verstehen und Top-Talente einzustellen, damit diese sich sicher fühlen und ihr volles Potenzial ausschöpfen können. Auch wenn die Arbeitsaufteilung die Notwendigkeit nahelegen könnte, mehr Personal einzustellen, ist es wichtig, sie unter dem Gesichtspunkt der Effizienz und Produktivität zu betrachten. Eine übermäßige Fokussierung auf die Unterteilung ohne Berücksichtigung der Effizienz kann zu einer gigantischen Lohnsumme führen, die kontraproduktiv für das Wachstum ist, da die Ausgaben den Gewinn des Unternehmens aufzehren könnten. Es ist wichtig, die Größe des öffentlichen Marktes zu verstehen und anzuwenden, wie Adam Smith erläutert.

Vzan

Zu lernen, ein Team anzuleiten und zu leiten, wenn nicht jeder die zukünftige Richtung kennt, setzt Vertrauen, Gewissheit und Selbstvertrauen voraus. Es erfordert harte und intensive Arbeit, aber mit der Überzeugung, dass große Ziele erreicht werden können. Bei dem hier vorgestellten Modell namens „VZAN" liegt der Schlüssel in der Fokussierung auf die Erzielung signifikanter Ergebnisse. Durch die Umsetzung dieses Modells werden nicht nur große Ziele erreicht, sondern das Team wird auch in die Lage versetzt, effektive Arbeitspläne zu entwickeln. Dies wiederum ermöglicht die Überwachung und Bewertung individueller Fortschritte und Erfolge, was ein wesentliches Element der Führung darstellt.

Der Entwurf eines vereinfachten Modells, das Vision und Aktion verbindet, ist der Schlüssel zur Konzentration des Teams und zur Gewährleistung einer effektiven Nachverfolgung. Wie in den ersten beiden Teilen dieses Buches zu sehen war.

Großartige Geschäftsleute

Begleitend zum Bericht „A Hombros de Gigantes" stelle ich diejenigen vor, die ohne Zweifel großartige Referenzen in der Geschäftswelt waren und sind, die Arbeitspläne erfüllten, Ziele erreichten und die Träume oder Visionen verwirklichten, die sie sich gesetzt hatten, und die als Vorbild dienen Generationen zukünftiger Unternehmer.

Henry Ford hatte die Vision, das Automobil zu demokratisieren und es der breiten Öffentlichkeit zugänglich zu machen. Um dies zu erreichen, führte er das Fließband und standardisierte Produktionsprozesse ein, insbesondere beim Modell T, einem erschwinglichen Automobil, das die Transportbranche veränderte.

Andrew Carnegie: Andrew Carnegies Vision konzentrierte sich auf die Führung der Stahlindustrie. Zu seinen Zielen gehörte die Dominanz in der Stahlproduktion, die er durch die Umsetzung von Produktionseffizienzen und die Übernahme konkurrierender Unternehmen erreichte. Carnegie wurde ein Stahlmagnat und bekannter Philanthrop.

Bill Gates wollte in jedes Haus einen Computer stellen. Um diese Vision zu verwirklichen, war er Mitbegründer von Microsoft und entwickelte PC-Software, insbesondere das Windows-Betriebssystem. Sein Fokus auf Personal Computing und technologische Entwicklung machte ihn zu einer Schlüsselfigur der Technologierevolution.

Elon Musk hat die Vision, die Kolonisierung des Mars zu erleichtern. Um dieses kühne Ziel zu erreichen, gründete er SpaceX, entwickelte mit Tesla wiederverwendbare

Raketen und fortschrittliche Elektrofahrzeuge. Sein disruptiver und technologisch fortschrittlicher Ansatz hat die Raumfahrt- und Elektroautoindustrie verändert.

Steve Jobs, Mitbegründer von Apple, war eine treibende Kraft in der Revolution der Verbrauchertechnologie. Ihre Vision konzentrierte sich auf die Entwicklung von Produkten, die die Art und Weise verändern, wie Menschen mit Technologie interagieren. Mit der Einführung ikonischer Produkte wie dem iPod, dem iPhone und dem iPad verwandelte Jobs nicht nur Apple in eines der wertvollsten Unternehmen der Welt, sondern hinterließ auch unauslöschliche Spuren in der Art und Weise, wie wir leben und arbeiten. Sein Fokus auf elegantes Design, Einfachheit sowie Hardware- und Software-Integration definierte die Ästhetik und Funktionalität moderner Technologie. Jobs' Fähigkeit, Marktbedürfnisse zu antizipieren und dem Verbraucher innovative Produkte anzubieten, sind von grundlegender Bedeutung für das Verständnis seines Einflusses auf die Geschäfts- und Technologiegeschichte.

Coco Chanel revolutionierte die Damenmode mit der Vision, einen eleganten und funktionalen Stil zu schaffen. Ihr Ziel war es, die Marke Chanel zu etablieren, was sie durch die Einführung ikonischer Kleidungsstücke wie dem „Little Black Dress" erreichte. Chanel war bekannt für seinen innovativen Ansatz in Bezug auf Design und Eleganz.

Warren Buffett, bekannt für seinen Fokus auf Investitionen und nachhaltiges Wachstum, gründete Berkshire Hathaway. Sein zentraler Erfolgsfaktor liegt in einer langfristigen Anlagestrategie und klugen Akquisitionen, um einer der reichsten Männer der Welt zu werden.

In diesem Teil darf eine kurze Anspielung auf die bedeutendsten Investmentfonds nicht fehlen, die den Unternehmergeist auf die höchste Ebene heben und über die zwar wenig gesprochen wird, dafür aber wichtige Konglomerate in den Hauptmärkten hinzukommen.

Der Vanguard Total Stock Market Index Fund zeichnet sich durch seinen diversifizierten Ansatz mit Tausenden von Unternehmen in seinem Portfolio aus. Ihr zentraler Erfolgsfaktor liegt darin, Anlegern eine kostengünstige Anlage zu bieten, die Indizes nachbildet und eine breite Diversifizierung am Aktienmarkt ermöglicht.

Der SoftBank Vision Fund, der für seine Diversifizierung in Technologie- und Schwellensektoren bekannt ist, hat einen erheblichen Einfluss erzielt. Sein wichtigster Erfolgsfaktor ist die massive Finanzierung wachstumsstarker Technologieunternehmen, die disruptive Innovationen auf dem Weltmarkt unterstützt.

Berkshire Hathaway hat unter der Leitung von Warren Buffett im Laufe der Jahre ein diversifiziertes Portfolio über mehrere Sektoren hinweg aufgebaut. Sein entscheidender Erfolgsfaktor liegt in einer langfristigen Anlagestrategie, kombiniert mit Buffetts Weisheit bei der Anlageauswahl und Unternehmensführung.

Sequoia Capital zeichnet sich durch seinen Fokus auf Technologie und innovative Unternehmen aus. Zu den zentralen Erfolgsfaktoren zählen ein starkes Kontaktnetzwerk und strategische Beratung, die zum Erfolg zahlreicher Startups im Portfolio beigetragen haben.

Tiger Global Management zeichnet sich durch seine weltweiten Investitionen aus, insbesondere in Technologie und Startups. Der entscheidende Erfolgsfaktor liegt in der aktiven Suche nach wachstumsstarken Unternehmen und der Unterstützung von Vorhaben, die ein erhebliches Marktpotenzial aufweisen.

Index Ventures hat sich mit Investitionen in Technologie und Startups eine herausragende Stellung erarbeitet. Sein zentraler Erfolgsfaktor liegt in der Fokussierung auf Frühphasen und der engen Zusammenarbeit mit Unternehmern, die zur erfolgreichen Entwicklung innovativer Unternehmen beitragen.

Schließlich ist es wichtig, von den Großen auf diesem Gebiet zu lernen, um den nächsten Schritt zu erklimmen und einen Vorgeschmack darauf zu bekommen, wohin man wirklich will.

Fünfter Teil Fehler

Vermeiden Sie diese Fehler

Fehler zu machen gehört zum Prozess menschlichen Wachstums und Lernens; Es sind Lektionen, die uns mit der Zeit aufpolieren. Der Schlüssel liegt im Lernen aus den eigenen Fehlern und, noch anspruchsvoller: im Lernen aus den Fehlern anderer, den eigenen Erfolgen und den Erfolgen anderer.

Aus Erfolgen zu lernen scheint eine völlig einfache, logische und schlüssige Aufgabe zu sein. Wenn die Dinge jedoch gut laufen, gehen wir normalerweise davon aus, dass wir den Grund dafür kennen, ohne wirklich über den Grund für diesen Erfolg nachzudenken. Im Vertriebskontext ist es beispielsweise entscheidend zu fragen, ob ein Verkauf erfolgreich war, und vor allem zu verstehen, welche Elemente zu diesem Erfolg beigetragen haben. Indem wir uns fragen, was wir bei einem Verkauf gut gemacht haben, können wir Schlüsselaspekte identifizieren, die uns zum Erfolg geführt haben. Diese ständige Selbsteinschätzung ist für Wachstum und Verbesserung unerlässlich, denn auch bei einem erfolgreichen Verkauf gibt es immer wichtige Bereiche, die verfeinert werden können.

Ebenso ist es eine komplexe Aufgabe, aus den Erfolgen anderer Menschen zu lernen. Menschen können oft erkennen, dass etwas gut gelaufen ist, aber es kann schwierig sein, bewusst zu analysieren, warum es erfolgreich war. Wenn wir über die Erfolge anderer nachdenken, stehen wir vor der Herausforderung, dass die Person selbst die Gründe für ihren Erfolg möglicherweise nicht vollständig verstanden hat. Dieser

Prozess wird noch komplizierter, wenn wir versuchen, den Erfolg von Unternehmen oder Einzelpersonen auf Marktebene zu verstehen. Die Schlussfolgerung, was der Erfolg war, der zum Erfolg geführt hat, kann kompliziert sein, da selbst Historiker oder Biographen bei der Beschreibung dessen, was wirklich passiert ist, Fehlinterpretationen oder Fehler machen können.

In diesem Sinne bedeutet das Verstehen und Nachvollziehen von Erfolgen, sich mit den Details auseinanderzusetzen und jedes Element, das zum Erfolg beigetragen hat, bewusst zu analysieren. Dieses Maß an Verständnis kann eine Herausforderung sein, aber es ist unerlässlich, um sinnvolle Erkenntnisse anzuwenden und in jedem Bereich Spitzenleistungen zu erzielen.

In der Hoffnung, dass diese Fehler für den Leser nützlich sind, um nicht in sie hineinzufallen.

Verwischen

Mangelnde Klarheit beim Sehen oder Schlafen ist einer der Hauptfehler bei der Entwicklung der Vzan-Methodik. Ohne eine klare Vorstellung davon, wohin Sie wollen, können Sie Fehler in der Fokussierung und Richtung machen. Obwohl es möglich ist, viele Dinge ohne eine klare Vision zu erreichen, kann es sein, dass das Endergebnis nicht wie gewünscht ausfällt. Das Fehlen einer definierten Richtung macht es schwierig, das Ergebnis zu verstehen, das Sie wirklich in Ihrem Leben wollen. Dieser Mangel an Klarheit wird zu einem Hindernis und im Laufe der Jahrzehnte stellen Sie möglicherweise fest, dass Sie nicht das gewünschte Niveau erreicht haben.

Es ist wahr, dass man ein bestimmtes Level erreichen kann, aber manchmal ist einem nicht wirklich klar, wie weit man hätte kommen können. Zunächst kann man sich kaum vorstellen, wie weit man gehen kann. Als ich mich zum Beispiel darauf konzentrierte, nationaler Meister zu werden, war das das Größte, was ich mir damals vorstellen konnte. Ich habe nicht über die Olympischen Spiele nachgedacht, weil ich nicht einmal wusste, dass es sie gibt. Ein Athlet, der sich auf nationale Wettkämpfe konzentriert, könnte die Chance verlieren, höhere Leistungsniveaus anzustreben. Dies gilt für verschiedene Bereiche; Sich darauf zu konzentrieren, Olympiasieger oder Weltmeister zu werden, erfordert eine andere Denkweise und Intensität, und der Arbeitsaufwand, um diese Ziele zu erreichen, ist beträchtlich, und wir haben alle die gleichen 24 Stunden.

Der olympische Schwimmer Michael Phelps beispielsweise konzentrierte sich darauf, noch weiter zu kommen und alle olympischen Rekorde in seiner Sportdisziplin zu brechen. Dieses Ziel erreichte er so hervorragend, dass er den Sportlern, die ihm folgen, möglicherweise über Jahrzehnte oder sogar Jahrhunderte hinweg einen sehr hohen Maßstab setzte. Ihr Engagement und ihre Erfolge haben nicht nur die olympische Geschichte geprägt, sondern veranschaulichen auch, wie ein ehrgeiziger Ansatz die Zukunft einer Sportdisziplin beeinflussen kann.

Rückblickend wird mir klar, dass dieser Mangel an Klarheit in meiner Vision und meinen Zielen mich daran gehindert hat, mein volles Potenzial auszuschöpfen. Ich hätte mehr geben und viel mehr erreichen können, wenn ich von Anfang an eine klare Vision gehabt und an meine Fähigkeiten geglaubt hätte. Diese Reflexion hat mich gelehrt, dass wir die Vergangenheit zwar nicht ändern können, aber daraus lernen und diese Weisheit nutzen können, um in die Zukunft zu gehen. Es ist von entscheidender Bedeutung, eine klare Vorstellung davon zu haben, wohin wir wollen, und an unsere Fähigkeit zu glauben, unsere Grenzen herauszufordern und Großes im Leben zu erreichen.

Denken Sie unbedingt daran, dass alles, was Sie vorschlagen, Wirklichkeit werden kann, wenn Sie kontinuierlich und konzentriert daran arbeiten. Es ist jedoch wichtig sicherzustellen, dass die gesetzten Ziele mit dem Ergebnis übereinstimmen, das Sie wirklich erreichen möchten. Das heißt, Ihre Ziele sollten Ihre tiefsten Träume und Sehnsüchte genau widerspiegeln.

Manchmal erzielen Menschen außergewöhnliche Ergebnisse, die über das hinausgehen, was sie sich ursprünglich vorgenommen hatten. Dies zeigt, dass Sie mit Anstrengung und Entschlossenheit sich selbst überraschen und mehr erreichen können, als Sie erwartet haben. Andererseits ist es auch möglich, dass Sie ein sensationelles Ergebnis erzielen, mit dem Sie nicht gerechnet haben. Dieses Szenario unterstreicht, wie wichtig es ist, aufgeschlossen zu bleiben und bereit zu sein, sich auf Chancen und Herausforderungen einzustellen, die sich auf dem Weg zu Ihren Zielen ergeben können.

Setzen Sie sich Ziele und stellen Sie sicher, dass diese mit dem Ergebnis übereinstimmen, das Sie im Leben wirklich erreichen möchten. Bleiben Sie flexibel, um sich den Umständen anzupassen, und seien Sie offen für Überraschungen, die auf Ihrem Weg zum Erfolg auftreten können. Mit Entschlossenheit, Konzentration und einer klaren Vision können Sie mit Zuversicht auf Ihre Ziele hinarbeiten und wissen, dass Sie konkrete

Schritte in Richtung des Ergebnisses unternehmen, das Sie sich wirklich wünschen.

Ziele werden klar, wenn die Vision klar ist, wohin Sie wollen. Sie können sich zum Ziel setzen, nationaler Meister zu werden, aber auch südamerikanischer, panamerikanischer Meister oder auf verschiedenen Ebenen eines olympischen Zyklus. Durch die Entwicklung von Zielen, die mit der Vision übereinstimmen, können Sie spezifische Ergebnisse erzielen. Ganz gleich, ob Sie sich darauf konzentrieren, olympische Rekorde in Ihrer Sportart zu brechen oder den Rekord in Ihrer Branche zu übertreffen, es ist entscheidend zu wissen, was es zu schlagen gilt. So kann Ihr Name in der universellen Geschichte großer Geschäftsinnovationen bestehen bleiben.

Wenn Ziele in einer absolut klaren Vision verankert sind, sind die ausgeführten Aktivitäten und die Ideen, die Sie zu deren Umsetzung generieren, völlig unterschiedlich. Beispielsweise unterscheiden sich Strategien zum Verkauf von 10.000 USD pro Tag von denen, die darauf abzielen, das Ziel zu erreichen, 100.000 USD pro Tag zu verkaufen. Die Vision definiert nicht nur das Endziel, sondern auch die Art und den Umfang der Maßnahmen, die Sie ergreifen, um dieses Ziel zu erreichen.

Was einen Arbeitsplan oder ein Brainstorming wirklich von einem anderen unterscheidet, ist die Vision und Klarheit darüber, wohin Sie wirklich wollen. Sobald dies klar ist, liegt der Schlüssel darin, die richtige Verfolgung beizubehalten, da sie Ihnen sagt, wie nah oder weit Sie vom tatsächlichen Punkt entfernt sind, den Sie erreichen möchten. Dabei werden Sie merken, dass Sie immer näher kommen, je mehr Sie den Überblick behalten. Genießen Sie den Prozess, leben Sie jeden Tag und erleben Sie alle Emotionen, die dadurch entstehen können.

Er macht Fehler

Es ist besser, Fehler zu machen, als nie etwas auszuprobieren. Das Vermeiden von Fehlern kann zu einer destruktiven Bremse für die grundlegendsten Ideen werden. Die mit der Möglichkeit, Fehler zu machen, verbundene Angst kann lähmend sein. Obwohl es unvorhersehbare Dinge gibt, werden alle Probleme oder Hindernisse, sogar Fehler, mit der Zeit gelöst, wenn Ihre Träume klar und die Vision klar definiert sind und Sie entschlossen sind, jedes Ziel zu erreichen. Handeln und die Bereitschaft, aus Fehlern zu lernen, sind wesentliche Bestandteile des Weges zum Erfolg.

Es ist wichtig, sich daran zu erinnern, dass wir mit Menschen arbeiten und Fehler in unserer Natur liegen. Sowohl Sie als auch Ihr Team werden Fehler haben. Darauf vorbereitet zu sein bedeutet, ihnen die Möglichkeit zu geben, aus ihren Fehlern zu lernen. Der Schlüssel liegt in der Umsetzung von Führung, die auf dem Lernen durch Fehler basiert. Es ermöglicht nicht nur die Korrektur von Fehlern, sondern auch kontinuierliches Wachstum und Weiterentwicklung. Die Weiterentwicklung dieses Ansatzes trägt zu einem Umfeld bei, in dem ständige Verbesserung geschätzt wird und zu einem integralen Bestandteil des Prozesses wird.

Die Angst, Fehler zu machen, war die Barriere, die viele Männer davon abgehalten hat, die Frau ihres Lebens zu erobern. Viele innovative Ideen liegen aus Angst vor Fehlern auf dem Friedhof des Vergessens begraben.

Unternehmen, die auf dem Markt hätten existieren können, sind einfach nicht durchgekommen, weil jemand irgendwann Angst hatte, den notwendigen Schritt zu tun. Diese Angst kann ein erhebliches Hindernis darstellen, macht aber auch deutlich, wie wichtig es ist, Fehler als Chance für Lernen und Wachstum zu betrachten und nicht als endgültiges Scheitern.

Warten Sie nicht, bis Sie alles wissen

Der Wunsch nach Perfektion ist verständlich und wir alle streben danach, die Dinge von Anfang an richtig zu machen. Es ist jedoch wichtig zu erkennen, dass nicht alles sofort gelernt oder beherrscht werden kann. Stellen Sie sich eine Beziehung, eine Ehe oder den Geburtsprozess vor. Man kann nicht alles von Anfang an vorhersehen. Wenn Sie beispielsweise Ihrem Partner mitteilen, dass Sie Zwillinge bekommen und den Schwangerschafts- und Geburtsprozess durchlaufen, sind überraschende Herausforderungen und Veränderungen mit sich. Elternschaft hat auch ihre Komplexität. Wenn wir uns nur auf die Probleme und Schwierigkeiten konzentrieren, wäre es schwierig, den Schritt zur Familiengründung zu wagen. Aber wir machen uns mit Glauben und Hoffnung auf den Weg in eine bessere Zukunft, ohne alle Herausforderungen im Voraus zu kennen.

Ebenso ist es zu Beginn des Studiums unmöglich, sich alles vorzustellen, was uns vom ersten bis zum letzten Tag bis zum Tag des Abschlusses erwartet. Manche kommen aufgrund von Druck, Stress, Arbeit, der Herausforderung, die eigenen Wissensgrenzen zu erweitern, langen Nächten, Nächten, in denen man ein Fach nicht versteht, und der ständigen Sorge, ein

Semester zu verlieren, nicht zu Ende. Es sind schwierige Prozesse, aber sie sind Teil des Weges, den wir beschreiten müssen, um voranzukommen. Erwarten Sie also nicht, alles von Anfang an zu wissen. Um voranzukommen, sind Lernen und die Überwindung von Hindernissen unerlässlich. Nehmen Sie sich die nötige Zeit, alles ist ein Prozess.

Unterwegs lernen Sie, was Sie brauchen, und erhalten wertvolle Lektionen von großartigen Lehrern. Dieser Weg gibt Ihnen die Möglichkeit zu korrigieren und zu perfektionieren. Das Wichtigste ist, immer eine Lernhaltung beizubehalten, zu erkennen, dass Lernen Spaß macht und sich ständig in einem Prozess der Wissensaneignung zu befinden. Dies wird nicht nur Ihre Stimmung verbessern, sondern Sie auch daran erinnern, dass wir uns auf die Vision konzentrieren, die wir haben und was wir erreichen wollen. Wenn Sie dieses Ziel beibehalten, können Sie im Laufe der Zeit festigen, was Sie wirklich erreichen möchten.

Konzentrieren Sie sich auf das, was Sie wollen

Die Story Map im dritten Teil des Buches stellt eine weitere Map vor, die sich auf Engagement konzentriert. In diesem Zusammenhang wird hervorgehoben, wie wichtig es ist, ständig einen „Kriegsruf" zu wiederholen, ein Mantra, das Ihre Ziele und Bestrebungen repräsentiert. In diesem Beispiel lautete der Schlachtruf „Ich werde gewinnen." Die Idee besteht darin, dieses Prinzip auf Ihr Unternehmen, Ihr Geschäft, Ihr Leben oder jeden Traum, den Sie verfolgen, anzuwenden. Indem Sie einen Schlachtruf annehmen und ihn ständig wiederholen, stimmen Sie sich auf das ein, was Sie tun müssen, und erhalten so eine ständige Motivation, Ihre Ziele zu erreichen.

Anstatt sich auf das zu konzentrieren, was Sie wollen, machen Sie den schwerwiegenden Fehler, sich auf die auftretenden Probleme zu konzentrieren. Dieser Ansatz ist schädlich, denn wenn wir uns auf Probleme, Fehler und Mängel konzentrieren, geraten wir in Schwierigkeiten. Ein Beispiel hierfür ist, dass das Unternehmen einen Tagesumsatz von weniger als 500 US-Dollar erzielte, was zu Schwierigkeiten bei der Zahlung von Nebenkosten und Miete führte. Der Geist und die Energie blieben jedoch auf das gewünschte Ziel konzentriert und auf magische Weise begannen Ideen und positive Energie zu fließen, um das gewünschte Ergebnis zu erzielen. Diese Geschichte unterstreicht, wie wichtig es ist, sich trotz Hindernissen auf das Ziel zu konzentrieren.

Absolut wahr. Die Konzentration auf Probleme schwächt und verbraucht unsere Energie. Es kann dazu führen, dass wir trotz unserer positiven Taten eher rückwärts als vorwärts gehen. Eine positive Einstellung spielt dabei eine entscheidende Rolle. Die tägliche und kontinuierliche Arbeit, insbesondere in der Betreuung unserer Kunden, wird reflektiert und wertgeschätzt. Wenn wir eine positive Einstellung bewahren und uns auf Lösungen statt auf Probleme konzentrieren, können wir Hindernisse überwinden und unsere Ziele erfolgreich erreichen.

Eine schöne Botschaft zum Abschluss. Konzentrieren Sie sich morgens immer auf das, was Sie wirklich wollen, und beginnen Sie den Tag mit der besten Einstellung. Nehmen Sie sich am Ende des Abends einen Moment Zeit, um sich selbst für all das Gute zu danken, das Sie an diesem Tag erreicht haben. Wenn es nicht so gut war, lassen Sie sich nicht entmutigen. Jeder neue Tag ist eine Gelegenheit, wieder auf den richtigen Weg zu kommen, um Ihre Ziele zu erreichen. Geben Sie nicht auf, machen Sie weiter, befolgen Sie die in diesem Buch erlernten Schritte und ich wünsche Ihnen viel Erfolg bei all Ihren Bemühungen. Möge die herrliche Herrlichkeit Gottes, unseres Herrn Jesus Christus, Sie für immer begleiten. Amen.

Abschluss

So wie ich mit dem ersten Satz begann, endete auch dieser. Ich muss die faszinierende Reise vom Anfang bis zum Abschluss dieses Projekts hervorheben, einen Prozess, der sich bis zu seinem Abschluss ständig verbessert hat.

Im ersten Teil wird ein Zusammenhang zwischen einem Geschäftserlebnis und dem Aufstieg auf den Berg auf der Suche nach einem Wasserfall erzählt. Diese Erfahrung war die Inspiration, dieses Buch zu schreiben und ihm einen sinnvollen Titel zu geben. Die wichtigste Schlussfolgerung ist, dass jedes Ziel, das man sich im Leben setzt, erreicht werden kann, wenn man wirklich entschlossen ist, es zu erreichen.

Im zweiten Teil wird beschrieben, wie jeder, unabhängig von seiner Kultur oder Eigenart, jede Art von Unternehmen entwickeln und auf die nächste Stufe heben kann, indem er die in diesem Abschnitt vorgestellte VZAN-Methode anwendet.

Der dritte Teil lehrt eine weitere Methode zum Finden oder Entwerfen der Karte, wobei betont wird, wie wichtig es ist, sich selbst zu verpflichten und Verpflichtungen gegenüber einer Autorität anzustreben, die echte Schande hervorrufen oder Schande hervorrufen, wenn sie nicht eingehalten wird. Es wird hervorgehoben, wie wichtig es ist, Ihre Ziele zu kommunizieren, um Sie stets daran zu erinnern, warum Sie diese Ergebnisse anstreben.

Im vierten Teil werden Grundsätze vorgestellt, die im Laufe der Jahre als Reaktion auf das Verständnis entstanden sind, wie die erfolgreichsten Unternehmer der Welt mehrere Unternehmen in verschiedenen Sektoren leiten und gründen können, während ein Unternehmer mit einem einzigen Projekt aufgrund von Arbeit und Stress zusammenbrechen kann.

Der letzte Teil ist möglichen Fehlern gewidmet, die auftreten können. Sie werden als Sicherheitsnetz präsentiert, damit der Leser nicht in sie hineinfällt und von der Vorwegnahme der Herausforderungen profitiert, die sich bei der Verfolgung großer Ziele im Leben ergeben können.

In der Zusammenfassung des Buches verstehen wir die scheinbar unerreichbaren Ziele, die Fokussierung auf große Träume und wie man anhand konkreter Fälle zu dem Schluss kommt, dass man, wenn man sich auf den Weg macht und beschließt, große Erfolge im Leben zu erzielen, diese schließlich auch erreicht. Menschen erreichen keine großen Dinge, nur weil sie sich nicht darauf konzentrieren, sie zu erreichen. Wenn jemand entschlossen ist, bis zum Grund zu suchen, zu prüfen und zu graben, kann er erreichen, was er sich vorgenommen hat.

Wir leben in einer Gesellschaft, in der Träume verblassen, während Kinder als große Träumer miterleben, wie die Fülle ihrer Wünsche abnimmt. Während sie heranwachsen, ändern sich Bildung und Wahrnehmung, beeinflusst von den täglichen Erfahrungen und Ergebnissen derjenigen, die uns nahe stehen: Freunde, Geschwister, Familie. Diese Ergebnisse haben einen erheblichen Einfluss auf unsere eigenen Leistungen.

Wenn wir uns mit erfolgreichen Freunden umgeben, wenn wir dankbar sind und diejenigen segnen, denen es gut geht, werden wir wahrscheinlich auch ähnliche Ergebnisse erzielen. Wenn jemand jedoch Erfolg hat, neigt die Gesellschaft oft dazu, ihn auszuschließen, anstatt zu versuchen, aus seinem Erfolg zu lernen.

Es ist von entscheidender Bedeutung zu lernen, eine umfassende Vision zu schmieden und zu visualisieren und Träume und Ziele zu kultivieren, die fast unmöglich erscheinen. Um große Ziele zu erreichen, bedarf es einer sorgfältigen Durchführung der Aktivitäten, gefolgt von einer angemessenen Nachbereitung. Diese Vier-Punkte-Methodik ist einfach, wird aber durch Schlüsselaspekte wie Gewohnheit, Beharrlichkeit und Werte ergänzt, die den menschlichen Charakter stärken, wie Beharren, Widerstehen und niemals aufgeben.

Dieser Ansatz ist für den Unterricht zukünftiger Generationen von wesentlicher Bedeutung. Über die Vermittlung des Glaubens hinaus ist es wichtig, ihnen die Idee zu vermitteln, große Träume zu verfolgen. Um dies zu erreichen, ist es entscheidend, dass Ihre Kinder sehen, wie Sie kämpfen, sich Herausforderungen stellen und beharrlich Ihre Ziele erreichen. Bei diesem Lehrprozess geht es nicht nur darum, Erfolge zu zeigen, sondern auch über Misserfolge zu berichten und zu zeigen, dass, egal was passiert, Ausdauer und ständige Arbeit unerlässlich sind, um das zu erreichen, was man sich vorgenommen hat.

Das Leben ist wunderbar, voller Möglichkeiten und Fülle für alle. Wir alle können unser maximales Potenzial entfalten, auch die Kleinen, die bedeutende Veränderungen in ihrem Leben bewirken können. Kleine Maßnahmen können zu großen Veränderungen führen.

Ich gratuliere dem Leser, der es bis hierher geschafft hat, denn er erweist sich als jemand, der sich engagiert, möglicherweise einer von denen, die mir eine E-Mail schicken werden, in der es heißt: „Ich habe meinen ersten Plan gemacht, ich bin seit 4 Jahren dabei, das habe ich erreicht." eine Errungenschaft." Ich habe keine Zweifel an den Fähigkeiten; Tatsächlich erfüllt mich die Gewissheit, dass dieses Buch für diejenigen nützlich sein wird, die es erhalten, mit Begeisterung. Ich bin gespannt darauf, zu hören, wie Sie dieses Wissen im Leben anwenden und wie Sie es an Ihre Kinder weitergeben, da das Unterrichten dieser Lektionen von entscheidender Bedeutung ist, um sie von Generation zu Generation weiterzugeben.

Die großen Leistungen im Leben sind das Ergebnis von Menschen, die sich entschieden haben, ein Vermächtnis zu hinterlassen und außergewöhnliche Dinge zu tun. Indem sie sich Ziele setzten, waren sie sicher, dass sie diese erreichen würden, auch wenn die Menschen um sie herum zweifelten. Entschlossenheit, Zielstrebigkeit und Disposition sind der Schlüssel zum Erreichen großartiger Ergebnisse. Nur wer sich wirklich darauf einlässt, kann es erreichen.

Es ist wichtig zu beachten: Wer sich im Leben nie etwas Großes vorgenommen hat, wird nie etwas erreichen. Es ist unfair, ohne Vorbereitung oder Interesse überraschende Ergebnisse zu erwarten. Dieses Prinzip spiegelt sich auch bei Erbschaften wider: Wer schlecht auf den Erhalt einer Erbschaft vorbereitet ist, hat möglicherweise eine verzerrte Wahrnehmung der

Vermögensbildung. Im Laufe der Zeit warnt die gängige Meinung vor der Möglichkeit, dass schlecht verwaltetes Vermögen über Generationen hinweg in Schwierigkeiten enden wird.

Der Umgang mit Hindernissen und Herausforderungen ist in jeder Generation eine Konstante. Nur wer sie überwinden konnte, hat die großen Fortschritte der Menschheit markiert. Das Erbe ist wichtig, aber ebenso entscheidend ist die Art und Weise, wie es verwaltet und investiert wird. Jede Generation steht vor der Aufgabe, ihre Träume zu programmieren und zu verwirklichen, aus früheren Herausforderungen zu lernen, einen Weg zum Erfolg zu entwerfen und dieses Wissen an die nächste Generation weiterzugeben.